Molière
o el genio dramático

Charles Augustin Sainte-Beuve

www.archivosvola.es

rescatando el acervo

Molière

Artículo publicado en *Portraits littéraires* Vol. 2, Garnier, París 1878

Traducción de Juan B. Xuriguera publicada en *Retratos literarios*, Editorial Iberia, Barcelona 1955

ISBN: 978-84-129819-4-0

Hecho en México
(Golfo de México)

JEAN-BAPTISTE POQUELIN "MOLIÈRE"
(París, 1622-1673)
retratado en 1658 por Pierre Mignard

CHARLES AUGUSTIN SAINTE-BEUVE
(Boulogne-sur-Mer, 1804 - París, 1869)
retratado hacia 1865

Molière
(1622-1673)

Hay en la poesía, y en general en la literatura, cierta clase de hombres, poco numerosos, cuyo carácter es la universalidad. O sea, la humanidad eterna en la pintura de las costumbres o de las pasiones de una época. Genios fáciles, fuertes y fecundos, sus principales rasgos están en esa mezcla de fertilidad, de firmeza y de franqueza; en la ciencia y la riqueza del fondo, y en una verdadera indiferencia que tienen por el empleo de los medios y de los géneros convenidos. Todos los cuadros, todos los puntos de partida les sirven para entrar en materia. Su producción es activa, multiplicada a través de los obstáculos, y la plenitud del arte frecuentemente obtenida, no tiene los artificios demasiado lentos. En el pasado griego, después de la gran figura de Homero que abre gloriosamente la procesión de esa familia y que nos muestra el genio primitivo de la más bella porción de la humanidad, es difícil saber quién viene después. Sófocles, por más fecundo que parece haber sido y por más humano que se mostró en la expresión armoniosa de los sentimientos y de los dolores, es tan perfecto de contornos, y tan sagrado por decirlo así en la forma y en la actitud, que no podemos bajarlo en pensamiento de su pedestal puramente griego. Los famosos cómicos nos faltan, y no queda de Menandro sino el nombre. Menandro, que fue quizá el más perfecto en la familia de los genios de que hablamos, pues en Aristófanes la fantasía maravillosa, tan ateniense, perjudica sin embargo la universalidad de su genio. En Roma sólo encuentro a Plauto, tan mal apreciado aún; pintor profundo y diverso, director de compañía, actor y autor como Shakespeare y Molière, y a quien hay que contar como uno de los más legítimos antepasados. Mas la literatura latina fue importada, demasiado directamente, y harto artificial desde un principio –aprendida de los griegos–, para admitir a muchos de esos genios libres.

Los más fecundos de los más grandes escritores de aquella literatura son también en ella los más *literatos* y rimadores en el fondo. Pensemos en Ovidio y en Cicerón. Por lo demás, toca a ella haber producido a los dos poetas más admirables de la literatura de imitación, de estudio y de buen gusto. Es decir, esos dos tipos corregidos y acabados que se llaman Virgilio y Horacio. A los tiempos modernos y al renacimiento hay que pedir los otros hombres que buscamos: Shakespeare, Cervantes, Rabelais, Molière... A todos se les puede caracterizar por los parecidos. Esos hombres tienen destinos diversos; sufren, combaten y aman. Son soldados, médicos, comediantes, cautivos;

viven difícilmente y sufren la miseria, las pasiones, el trá-
fago; encuentran mil dificultades en sus empresas. Pero su
genio sobrenada, y sin resentirse de las estrecheces de la
lucha, se conserva libre y se nos ofrece con movimientos
sueltos.

Habréis ya visto a esas bellezas naturales y verdaderas
que surgen entre la miseria y el aire malsano de la vida
mezquina; habréis encontrado, aunque en raras ocasiones,
a esas admirables mujeres del pueblo que se os aparecen
formadas e iluminadas de no sé qué luz, con una gran perfección del conjunto, y hasta con las uñas elegantes: esas
mujeres impiden que perezca la idea de la noble raza
humana, imagen de los dioses. Así estos genios raros, de
grande y fácil belleza, de hermosura nativa y *genuina*,
triunfan en medio de las condiciones más contrarias, desa-
rrollándose y estableciéndose invenciblemente. No se des-
pliegan al azar y completamente a merced de las circunstancias, porque no son solamente fecundos y fáciles como
los genios secundarios tales como los Ovidios, los Dryden
o, los abates Prévost. No; sus obras, tan rápidas y tan múl-
tiples como la de los espíritus principalmente fáciles, son,
además, combinadas, fuertes, anudadas cuando es preciso;
acabadas muchas veces y sublimes. Pero tampoco es la
perfección lo que más les inquieta, animados por esa pru-
dencia constantemente corregida de los poetas de la escuela estudiosa y pulida de los Gray, los Pope y los Despréaux;

poetas a quienes admiro y de los que gusto como nadie, aquellos en quienes la corrección escrupulosa, lo sé bien, es una cualidad indispensable, un encanto, y que parecen tener por divisa la frase exquisita de Vauvenargues: *La claridad es el barniz de los maestros.* Hay hasta en la perfección misma de los otros poetas superiores, algo de más libre y atrevido, de más irregularmente encontrado, de incomparablemente más fértil y más separado de las trabas ingeniosas, algo que sale solamente de sí mismo y que se burla, que asombra y desconcierta por su inventiva a los poetas distinguidos contemporáneos, hasta en los menores detalles del arte. Por eso, entre tantos motivos para el asombro, Boileau no pudo dejar de preguntar a Molière dónde encontraba la rima. Viéndolo bien, los excelentes genios de que hacemos mención están colocados entre la poesía de las épocas primitivas y la de los siglos cultivados y civilizados, entre las épocas homéricas y las épocas alejandrinas. Son los representantes gloriosos, inmensos todavía, los continuadores distintos e individuales de las primeras épocas en el seno de las segundas. Hay en todo una primera flor, una primera y abundante cosecha. Esos mortales dichosos llevan la mano hacia ella y cortan de la tierra y de una sola vez, millares de espigas. Después de ellos, y en su derredor, los otros se fatigan, espían y buscan granos. Esos genios abundantes, que no son ya sin embargo los divinos ancianos y los ciegos fabulosos, leen, comparan, imitan, como todos los de su época. Y eso, sin embargo, no les impide crear, como en las edades nacientes.

Diariamente escriben, sin duda alguna, cosas desiguales; pero algunas de ellas son la obra maestra de la combinación humana y del arte. Conocen ya el arte y lo abrazan en la madurez y en su extensión, y esto sin razonar sobre él como se hace en torno suyo, lo practican de noche y de día con una admirable ausencia de toda preocupación y fatuidad literaria. A menudo mueren casi como en las épocas primitivas, antes de que sus obras completas se impriman, o al menos que se coleccionen y se fijen, a diferencia de sus contemporáneos los poetas y literatos de gabinete, que se consagran desde un principio a esa tarea. Tal es la negligencia y prodigalidad de aquéllos.

Tienen una especie de abandono, sobre todo en el buen sentido general, en las decisiones de la multitud, cuyos azares, por otra parte, conocen tanto como cualquiera de los poetas que desdeñan al vulgo. En una palabra, esos hombres extraordinarios son, a mi modo de ver, el genio mismo de la poética humanidad, su tradición viviente perpetuada y su personificación irrecusable.

Molière constituye uno de esos ejemplos, aunque sólo haya adoptado el lado cómico, las discordancias del hombre y las fealdades o defectos, y aunque el lado patético haya sido apenas tocado por él, y esto como un accesorio.

Mas no por eso deja de estar entre los más completos, y es tanto lo que se ha elevado en su género y ha caminado dentro de él en todos los sentidos, desde la más libre fantasía hasta la observación más grave, que no ha necesitado más. Él ha dominado, en esos ámbitos, como rey, erigiéndose en soberano de las regiones del mundo que ha escogido y que son la mitad del hombre, la mitad más frecuente y que más activamente se pone en juego dentro de la sociedad.

Molière pertenece al siglo en que ha vivido, por la pintura de ciertos defectos y el empleo de los trajes; pero más bien es de todos los tiempos, porque es el pintor de la naturaleza humana. No hay nada mejor, para tener desde luego la medida de su genio, que ver la facilidad con que se apega a su siglo y cómo se destaca también de él, cómo se adapta exactamente y con qué grandeza resalta.

Los hombres ilustres contemporáneos suyos, tales como Despréaux y Racine, cual Bossuet y Pascal, son aún más especialmente que Molière hombres de su tiempo, del siglo de Luis XIV. Su genio, y hablo de los más vastos genios, está marcado con un sello particular propio del momento en que aparecieron y que debió de ser otro en otros tiempos. ¿Qué sería Bossuet hoy? ¿Qué escribiría Pascal? Racine y Despréaux acompañan maravillosamente el reino de Luis XIV en todo lo que tuvo en su juventud brillante y galanteadora, victoriosa y sensata. Bossuet domina ese reino de un modo admirable, y en el apogeo; antes de la expansión de la hipocresía y en el período ya altamente religioso. Molière, a quien había oprimido, según yo creo, esa autoridad religiosa cada vez más dominante, y que murió a tiempo para escapar de ella; Molière, que pertenecía como Boileau y Racine, aunque mayor que ellos, a la primera época, se independiza más, sin embargo, al mismo tiempo que pinta al natural mejor que nadie. Añade mucho a los resplandores de la forma majestuosa del gran siglo; éste no lo señala, ni lo particulariza, ni lo empequeñece. Se proporciona a su tiempo, pero no se encierra en sus límites.

El siglo XVI había sido, en su conjunto, una vasta descomposición de la antigua sociedad religiosa, católica y feudal; el advenimiento de la filosofía en los espíritus y de la burguesía en la sociedad. Mas este advenimiento se había hecho a través de todos los desórdenes, a través de la orgía de las inteligencias y de la anarquía material más sangrienta, principalmente en Francia, mediante Rabelais y la Liga. El siglo XVII tuvo por misión reparar ese desorden, organizar la sociedad, la religión y la resistencia; a partir de Enrique IV se anuncia así, en su más alta expresión monárquica; en Luis XIV, corona su objeto con pompa.

No intentaremos enumerar aquí todo lo que se hizo desde el comienzo del siglo XVII, con tentativas severas en el seno de la religión, por medio de comunidades y de congregaciones fundadas, de reformas de abadías, y en el seno de la Universidad y de la Sorbona, para reunir la milicia de

Jesucristo y para reconstruir su doctrina. En literatura, eso se ve y se comprende evidentemente. A la literatura galicana maliciosa e irreverente de los Marot, los Buenaventura, Des Periers, Rabelais, Regnier, etc.; a la literatura pagana, griega, epicúrea, de Ronsard, Baïf, Fodelle, etc.; filosófica y escéptica de Montaigne y de Charron, sucede otra, que ofrece caracteres muy diferentes y opuestos. Malherbe, hombre de forma y de estilo, espíritu cáustico, hasta cínico, semejante a Buffon, que lo era en el intervalo de sus nobles frases; Malherbe, espíritu fuerte en el fondo, no tiene nada de cristiano en sus odas, excepto la envoltura; mas el genio de Corneille, el padre de Poliuto y de Paulina, es ya profundamente cristiano. D'Urfé lo es también. Balzac, precioso espíritu vano y fastuoso, sabio retórico, ocupado en hacer frases, es, por la forma y por la idea, un ortodoxo. La escuela de Port-Royal se funda. El antagonista de la duda y de Montaigne, Pascal, aparece. La detestable escuela poética de Luis XVIII, nutrida por Boisrobert, Ménage, Costar, Conrart, Saint-Amant y Assoucy, no entra indudablemente en estas vías de reformas. No es muy grave ni muy moral, es a la italiana y como una repetición desabrida de la literatura de los Valois. Mas todo lo que la sofoca y le sucede bajo Luis XIV, se ordena por grados y camina hacia la regularidad: Despréaux, Racine y Bossuet. El mismo La Fontaine, en medio de su ingenuidad, de sus fragilidades y de lo mucho que pertenece al siglo XVI, tiene accesos de religión cuando escribe la *Cautividad de San Malco* y la *Epístola a madame de La Sablière*, acabando por hacerse penitente. En una palabra: mientras más se avanza en el siglo llamado de Luis XIV, y mientras la literatura, la poesía, la cátedra, el teatro y todas las facultades memorables del pensamiento revisten un carácter religioso y cristiano, más acusan, hasta en los sentimientos generales que experimentan, la vuelta de la creencia a la revelación, a la humanidad vista en Jesucristo y por él. Tal es uno de los rasgos más característicos y profundos de esa literatura inmortal. El siglo XVII en masa forma un dique entre el siglo XVI y el XVIII, separándolos.

Pero Molière, lo decimos sin poner en ello elogios ni reproches morales y como simple prueba de la libertad de su genio, no entra en este punto de vista. Aunque su figura y su obra aparecen y resaltan más que otras en el marco admirable del siglo de Luis *el Grande*, se extiende y se prolonga fuera de él, ya hacia atrás, ya hacia adelante. Pertenece a un pensamiento más tranquilo, más vasto, más indiferente, más universal. El discípulo de Gassendi, el amigo de Bernier, de Chapelle y de Hesnault, se apega demasiado directamente al siglo XVI, filosófico y literario. No tenía ninguna antipatía contra ese siglo y lo que quedaba de él; no tuvo ninguna reacción religiosa o literaria, como Pascal, Bossuet, Racine y Boileau a su manera, y las tres cuartas partes del siglo de Luis XIV. Es de los de la posteridad continua de Rabelais, Montaigne, Larivey, Regnier y los autores de la *Satyre Ménippée*. No hace, o no haría, ningún esfuerzo para entenderse con Lamothe-le-Vayer, Naudé y hasta con el mismo Guy Patin, con todo y lo doctorado en medicina que es ese mordaz personaje. Molière es naturalmente de la sociedad de Ninón, y de *madame* de La Sablière antes de su conversión. Recibe en Auteuil a Des Barreaux y a muchos jóvenes un tanto libertinos. No trato de decir que Molière, en su obra y en su pensamiento, fuese un espíritu decidido que tomase todo eso como sistema y que, a pesar de su traducción de Lucrecia, de su gasendismo original y de sus amores libres, no tuviese un fondo de religión moderada, sensata, de acuerdo con las costumbres de entonces, que reaparece en su última hora y que se muestra con tanta solidez en el trozo de Cléante del *Tartufo*. No; Molière, el prudente, el Aristo de las conveniencias, el enemigo de todos los excesos del espíritu y de las ridiculeces, el padre de ese *Philinte* a quien hubiesen reconocido Lelio, Erasmo y Atico, no debía tener nada de esa fanfarronada libertina y cínica de los Saint Amant, Boisrobert y Des Barreaux. De buena fe se indignó de las insinuaciones malignas que a partir de la *Escuela de las Mujeres* propalaron sus enemigos acerca de su religión. Más lo que deseo establecer, y lo que le caracteriza entre sus contemporáneos de genio, es que habitualmente ha visto la naturaleza humana en sí misma y en su generalidad de todos los tiempos, como Boileau y La Bruyère la han visto y pintado a menudo, lo sé bien, pero él sin mezcla, sin epístola sobre el amor de Dios, como Boileau, o sin discusión sobre el quietismo como La Bruyère.[1] Pinta la humanidad sin taxativos, y eso le era más accesible, hay que decirlo, puesto que la pintaba, sobre todo, en sus vicios y fealdades; en lo trágico se elude menos fácilmente el cristianismo. Separa de Jesucristo la humanidad, y nos la muestra a fondo, sin pensar en otra cosa. Por esto se desliga de su siglo. En la escena del Pobre pudo hacer decir a don Juan, sin segunda intención, esta frase que le fue preciso retirar debido a las tempestades que provocó: "Pasas tu vida rogando a Dios, y mueres de hambre; toma este dinero; te lo doy en nombre de la humanidad". La beneficencia y la filantropía en el siglo XVIII, la de D'Alembert, Diderot y Holbach, se encuentran enteras en esa frase. Pudo decir del pobre que le volvía el luis de oro esa otra frase, tan citada y poco comprendida, según creo, en su acepción más grave; esa frase escapada a un hábito de espíritu invenciblemente

1. La Bruyère dijo - "Un hombre que nace cristiano y francés, se encuentra constreñido en la sátira: los grandes temas le están prohibidos, y aunque los aborda algunas veces, hace un sesgo hacia las cosas pequeñas y las realza por la belleza de su genio y de su estilo." Molière no ha hecho esto absolutamente; no se ha constreñido ni ante la Iglesia ni ante Versalles, y no ha eludido los grandes temas. Solamente diez o quince años más tarde, en la época en que aparecían *Los Caracteres*, le hubiera sido aquéllo menos fácil.

filosófico: "¿En dónde va a morar la virtud?" Jamás un hombre de Port-Royal o de sus cercanías (que se note bien), hubiera tenido semejante pensamiento, y hubiera sido más natural lo contrario, siendo el pobre, a los ojos del cristiano, el objeto de las gracias y de las virtudes más singulares. Es él también quien, conversando con Chapelle sobre la filosofía de Gassendi, su maestro común, decía, al combatir la parte teórica y la quimera de los átomos: "Pase lo de la moral".

Molière era simplemente, según mi sentir, no de la religión de don Juan o de Epicuro, sino de la de Cremes en Terencio: *Homo sum*. Se le aplicó, en un sentido serio, esta frase del *Tartufo*: *¡Un hombre... un hombre al fin!* Este hombre conocía las debilidades y no se admiraba de ellas; practicaba el bien más de lo que creía en él; creía en los vicios, y su más ardiente indignación se tornaba en risa. Consideraba a la triste humanidad como a una vieja, chiquilla incurable, a quien hay que corregir un poco, y a quien hay que consolar y, sobre todo, divertir.

Hoy que juzgamos las cosas a distancia y por los resultados, Molière nos aparece más radicalmente agresivo contra la sociedad de su tiempo, de lo que él mismo creía; es un escollo del que debemos guardarnos al juzgarlo. Entre sus ilustres contemporáneos que acabo de citar hay uno, uno sólo, aquel que juzgaríamos como el menos apropiado para compararlo con nuestro poeta y que, sin embargo, como él, más aún que él, trató los principales fundamentos de la sociedad de entonces y que se encaró sin prejuicio alguno con el nacimiento, la calidad y la propiedad. Pero Pascal, pues ése fue el audaz, no se sirvió de esas débiles bases, o más bien de esa ruina que hacía de todas las cosas del derredor, sino para ligarse con más pavor a la columna del templo, para abrazarse convulsivamente a la Cruz.

Los dos, Pascal y Molière, nos parecen hoy los más formidables testigos de la sociedad de su tiempo. Molière en un espacio inmenso y hasta el pie de la muralla religiosa, guerreando, forrajeando por todas partes con su tropa en el campo de la vieja sociedad, batiéndose aquí y allá con la risa, con la fatuidad titulada, con la desigualdad conyugal, con la hipocresía capciosa, y yendo a menudo a asustar con el mismo golpe a la grave subordinación, a la verdadera piedad y al matrimonio. Y Pascal dirigiéndose al interior y al corazón de la ortodoxia, y haciendo temblar también a su manera la bóveda del edificio, con las lamentaciones que lanza, y por la fuerza de Sansón con que se abraza al sagrado pilar.

Pero acogiendo esta comparación, que tiene novedad y exactitud,[1] no hay que suponer en Molière, según creo,

1. Villemain, en su fragmento sobre Pascal, había ya comparado a éste con Molière, pero solamente como autor de las Provinciales, y por el talento de la burla. Yo no he hecho sino diseñar aquí lo que ya he desarrollado en el tomo III de *Port-Royal*.

mayor premeditación destructora que a Pascal; es preciso hasta otorgarle quizá un menor cálculo en el conjunto de la cuestión. ¿Tenía Plauto una segunda intención sistemática cuando se burlaba de la usura, de la prostitución, de la esclavitud, todos esos vicios y resortes de la antigua sociedad?

Molière aprovechó la libertad que tuvo y la que él supo proporcionarse, gracias al momento en que le tocó nacer. Luis XIV, joven aún, le sostuvo en esas tentativas atrevidas o familiares y le protegió contra todos. Al trazar el *Tartufo*, y en el pasaje de don Juan sobre la hipocresía que avanza, Molière presagia ya con una mirada adivinadora el triste fin de tan hermoso reino, y se apresuraba, cuando todavía era posible, aunque difícilmente, que aquello fuera útil, a señalar con el dedo el vicio creciente. Si hubiera vivido lo bastante para llegar hasta 1685, al reino declarado de *madame* de Maintenon, o si hubiera vivido solamente de 1673 a 1685, durante ese período glorioso en que domina el ascendiente de Bossuet, habría sido protegido, indudablemente, con menos eficacia, y habría sido perseguido al fin. Sea como sea, puede comprenderse muy bien, según ese espíritu general, libre, natural, filosófico e indiferente al menos para lo que se trataba de restaurar, la cólera de los oráculos religiosos de entonces contra Molière, la severidad cruel de expresión con la que Bossuet se burla y triunfa del comediante que murió sonriendo, y la indignación misma del sabio Bourdalone en la cátedra después del *Tartufo*, de Bourdalone, tan amigo de Boileau. Se concibe hasta ese espanto candoroso del jansenista Baillet quien, en sus *Juicios de los Sabios*, comienza en estos términos el artículo sobre Molière: "El señor de Molière es uno de los más peligrosos enemigos que el siglo o el mundo hayan suscitado a la Iglesia de Jesucristo..." Es verdad que algunos religiosos más amables y más sociables se mostraron para con él menos severos. El padre Rapin elogió mucho a Molière en sus *Reflexiones sobre la Poética*, y sólo le reprochó la negligencia de sus desenlaces; Bouhours le hizo un epitafio en versos franceses agradables y juiciosos.

Por lo demás, Molière es de tal modo hombre en su sentido más amplio, que más tarde obtuvo los anatemas de la filosofía altiva y que pretendía ser reformista, tanto como había merecido los del episcopado dominador. En cuatro capítulos diferentes, respecto del *Avaro*, del *Misántropo*, de *Jorge Dandín* y del *Gentilhombre Burgués*, Juan Jacobo Rousseau era intolerante, y no lo trataba con mayor miramiento que Bossuet.

Todo esto es para decir que, como Shakespeare y Cervantes, y como tres o cuatro genios superiores en el transcurso de las edades, Molière es pintor de la naturaleza humana en el fondo, sin acepción ni preocupación de culto, de dogma fijo o de interpretación formal; que criticando la sociedad de su tiempo, ha representado la vida de la generalidad, y que en el seno de las costumbres determinadas que castigaba con dureza, escribió para todos los hombres.

Juan Bautista Poquelin nació en París el 15 de enero de 1622, no, como se ha creído por mucho tiempo, bajo los pilares de los mercados, sino, como se ve según el descubrimiento hecho por Beffara, en una casa de la calle de Saint-Honoré, en la esquina que da a Vieilles-Étuves.[1] Por su padre y por su madre pertenecía a una familia de tapiceros. Su padre, que además de su oficio tenía el empleo de camarero del rey, destinó a su hijo para que le sucediese, y el joven Poquelin, dedicado desde los primeros años al aprendizaje en la tienda, no sabía a los catorce años sino leer, escribir, contar y, en fin, los elementos útiles para su profesión. Su abuelo materno, a quien le gustaba mucho la

1. Para este estudio sobre Molière, me he valido más que nada de la *Historia de su Vida y de sus Obras* por Taschereau. Es un trabajo completo y definitivo cuya lectura debe aconsejarse sin tener la pretensión de suplir lo que él dice. Taschereau ha tenido la bondad de ayudarme a adquirir los informes y a ir a las fuentes directas a que yo deseaba llegar. He tenido también frecuentemente a mano, sirviéndome de ellas, la Noticia y los Comentarios de Auger, trabajos no muy elogiados y hasta demeritados injustamente. En este comentario a propósito de los versos de las *Mujeres sabias*:

On voit partout chez vous l'ithos et le pathos.

No parando mientes Auger que *ithos* no es otro que *éthos*, más correctamente pronunciado, se colocó en una falsa ruta de la etimología.

comedia, lo llevaba al hotel de Borgoña, donde representaban Bellerose en el género cómico; Gautier-Garguille, Gros Guillaume y Turlupin, en la farsa. Cada vez que venía de la comedia el joven Poquelin, estaba más triste, más distraído en el trabajo de la tienda, más disgustado de la perspectiva de su profesión. Que se imagine las mañanas de ensueños al día siguiente de la comedia, para el genio adolescente ante el cual se desarrollaba la vida humana en toda su novedad como una escena perpetua.

Se confió a su padre al fin, y apoyado por su abuelo que lo *mimaba*, obtuvo permiso para hacer estudios. Según parece, se le puso en una pensión de donde siguió, como externo, los cursos del colegio de Clermont, continuando en el de Luis *el Grande*, dirigido por los jesuitas.

Cinco años le bastaron para terminar sus estudios, comprendiendo la filosofía; además, en el colegio adquirió buenas relaciones que influyeron en su destino. El príncipe de Conti, hermano del gran Condé, fue uno de sus condiscípulos y siempre se acordaba de ello. Aunque este príncipe era eclesiástico en un principio, tenía gusto por los espectáculos mientras estuvo bajo la dirección de los jesuitas, y pagaba magníficamente los gastos que ocasionaba esa afición. Cuando se convirtió más tarde a las doctrinas de los jansenistas, y se retractó de sus antiguas aficiones hasta el punto de escribir contra la comedia, parece que trasmitió a su ilustre primogénito el cuidado de proteger a todo trance a Molière. Chapelle llegó también a ser amigo de estudios de Poquelin y le procuró la relación y las lecciones de su preceptor, Gassendi. Estas lecciones privadas de Gassendi eran oídas también por Bernier, el futuro viajero, y por Hesnault, conocido por su *Invocación a Venus*; debieron de influir sobre el modo de ver de Molière, menos por los detalles de la enseñanza que por el ingenio que de ellas emanaba, y del cual participaban todos los oyentes. Hay que notar, en efecto, cuán libres, de buen humor e independientes resultaron todos aquellos que salieron, de esta escuela: el sincero Chapelle, epicúreo práctico y relajado; el poeta Hesnault, que atacaba a Colbert poderoso y traducía cuanto hay de más espinoso en los casos de las tragedias de Séneca; también Bernier, que después de recorrer el mundo regresaba sabiendo que el hombre es el mismo por todas partes y bajo los trajes más diversos, respondiendo a Luis XIV que Suiza era el país donde la vida le parecería mejor y deduciendo sobre cada punto sus conclusiones filosóficas. Además hay que notar que estos talentos venían de la burguesía y del pueblo: Chapelle era hijo de un rico magistrado, pero hijo bastardo; Bernier, niño pobre asociado por caridad a la educación de Chapelle; Hesnault, hijo de un panadero de París; Poquelin, hijo de un tapicero... Por su parte, Gassendi, maestro de todos ellos, no un gentilhombre. Ya lo dijo Descartes.

Molière tomó la idea de traducir Lucrecio, en las conferencias de Gassendi; lo hizo parte en verso y parte en prosa, según la naturaleza de los lugares; pero se perdió el manuscrito.

Otro compañero que tomó parte en estas lecciones filosóficas fue Cyrano de Bergerac, quien se hizo sospechoso de impiedad por algunos versos de *Agripina* y que, sobre todo, quedó convicto de mal gusto. Más tarde Molière tomó de *El pedante burlado*, de Cyrano, dos escenas que no desmerecerían *Las trapacerías de Scapin*. Tenía por costumbre, según propia confesión, apropiarse de lo ajeno, y luego, como lo hizo notar con mucho ingenio Auger, obraba de tal suerte que no parecía sino que prolongara la costumbre de colegio. Es decir, por la cual los colegiales son buenos amigos y ponen en común sus ganancias de juego.

Al acabar sus estudios, Poquelin tuvo que reemplazar a su padre, envejecido ya en el cargo de ayuda de cámara tapicero del rey, puesto que se le dio para después de la muerte del padre.

Durante su noviciado siguió a Luis XIII en el viaje a Narbona en 1641, y fue testigo, al regreso, de la ejecución de Cinq-Mars y de De Thou, amarga y sangrienta burla de la justicia humana. Parece que en los años siguientes, en vez de continuar el ejercicio del cargo paterno, fue a estudiar derecho a Orleáns y se recibió de abogado. Pero su gusto por el teatro prevaleció sobre todo, y una vez que hubo regresado a París, después de haber acudido, se dice, a los tablados del Puente Nuevo, siguió de cerca a los italianos y a Scaramouche, y se puso a la cabeza de una compañía de comediantes de sociedad que pronto llegó a ser una compañía regular y de profesión.

Formaban parte de esta banda ambulante los dos hermanos Béjart, su hermana Magdalena y Dupart, llamado Renato *el Gordo*. Esta banda se titulaba *El Ilustre Teatro*. Nuestro poeta rompió con su familia desde entonces y con todos los Poquelin, y tomó por nombre Molière. Molière recorrió los diversos barrios de París, con su compañía; y después, la provincia. Se dice que hizo representar una Thébaide en Burdeos, tentativa del género serio, que fracasó. Pero no economizó las farsas, los cuadros a la italiana, las improvisaciones, tales como *El Médico pegajoso* y *Los celos del Pintarrajeado*, primeros bocetos de *El Médico a palos* y de *Georges Dandin*, que se han conservado, *Los Doctores rivales* y *El Maestro de escuela*, de los cuales no tenemos sino los títulos, y *El Doctor enamorado*, cuya pérdida sentía Boileau. Así iba al azar, bien recibido del duque de Éperon, en Burdeos, y del príncipe de Conti cada vez que lo encontraba; elogiado por De Assoucy, a quien recibió después como a príncipe, hospitalario, liberal, buen camarada, enamorado a menudo, dado a todas las pasiones, recorriendo todos los grados y derrochando su juventud, como una fronda alegre por los campos, bien provisto

24

en su espíritu, de originales y de caracteres. En el curso de esa vida errante, por el año de 1653, hizo representar El Atolondrado, en Lyon, su primera pieza regular. Tenía entonces treinta y un años.

Como vemos, Molière comenzó por la práctica de la vida y de las pasiones, antes de pintarlas. Pero no hay que creer que tuvo en su existencia interior dos partes sucesivas, como en la de muchos moralistas y satíricos eminentes. Una primera parte, activa y más o menos ferviente, y después, el calor débil por el exceso o por la edad. Una observación acre y mordente, desengañada al fin, que se vuelve sobre los motivos, los escruta y hace burla de ellos. No es ése absoluta mente el caso de Molière ni el de los grandes hombres dotados, en medida igual, del genio que crea. Los hombres distinguidos que pasan por esa doble fase y que llegan prontamente a la segunda, no adquieren de ella, al avanzar, sino un talento crítico fino y sagaz, como La Rochefoucauld, por ejemplo, pero nunca el movimiento que anima ni la fuerza de la creación. El genio dramático, y en particular el de Molière, tiene eso de maravilloso, que el procedimiento es completamente distinto y más complejo. En medio de las pasiones de su juventud y de los ímpetus fogosos y crédulos como los de la generalidad de los hombres, Molière tenía ya a un alto grado el don de observar y de reproducir, la facultad de sondear y de valerse de los resortes que empleaba en seguida para divertimiento de todos. Y más tarde, en medio de su completo y triste conocimiento del corazón humano y de los diversos móviles, desde la altura de su melancolía de filósofo contemplativo, había conservado en su propio corazón, como lo veremos, la juventud de las impresiones activas, la facultad de las pasiones, del amor y de sus celos, la llama verdaderamente sagrada. ¡Sublime contradicción que amamos en la vida del gran poeta! ¡Conjunto indefinible que responde a lo que hay de más misterioso también en el talento dramático y cómico! Es decir: la pintura de las realidades amargas, mediante personajes animados, fáciles y regocijados, que tienen todos los caracteres de la naturaleza. Inició la disección del corazón; y la más profunda disección del corazón, transformándose en seres activos y originales que la traducen a los ojos, y que tienen una vida propia.

Se cuenta que, durante su estancia en Lyon, Molière, que se había ya unido tiernamente con Magdalena Béjart, se enamoró de la señorita Duparc (o de la que se convirtió en señora Duparc al casarse con el comediante de este nombre), y de la señorita De Brie, quienes formaban parte de otra compañía que no era la suya. Llegó, a pesar de la Béjart, se dice, a contratar en su compañía a las dos cómicas, y se añade que, rechazado por la soberbia Duparc, encontró en la señorita De Brie los consuelos hacia los cuales debía volver en las tribulaciones de su matrimonio. Se ha llegado hasta a indicar en la escena de *Clitandro*,

Armanda y *Enriqueta*, en el primer acto de *Las Marisa-bidillas*, ciertas reminiscencias de esa situación veinte años más antigua que la comedia. No es dudoso que entre Molière, muy inclinado al amor, y las jóvenes cómicas a quienes dirigía, se formasen relaciones transitorias, cruzadas y a veces interrumpidas y vueltas a atar; pero sería temerario, según creo, pretender encontrar alguna huella precisa en sus obras y lo que se ha dicho sobre esta alusión.

Se conserva en Pézans un sillón en el cual se dice que Molière iba a instalarse todos los sábados, en la casa de un barbero muy acreditado, para hacer la cuestura allí y aprovechar la ocasión de estudiar el lenguaje y las fisonomías de todos. Recordamos que Maquiavelo, gran poeta cómico también, no desdeñaba la conversación de los carniceros y panaderos. Pero Molière llevaba probablemente a sus largas visitas en la casa del barbero-cirujano, una intención más directamente aplicable a su arte que la del antiguo secretario florentino, quien buscaba, sobre todo –así lo dijo–, burlarse de la fortuna y engañar el fastidio de la desgracia.

Esta disposición de Molière a observar durante horas enteras y a estar en silencio, creció con la edad, con la experiencia y con los infortunios de la vida. Llamaba singularmente la atención de Boileau, quien sobrenombraba a su amigo el *Contemplativo*. "Conocéis al hombre –dijo a Elisa en la *Crítica de la Escuela de las Mujeres*–, y su pereza natural para sostener la conversación. Celimena le había invitado a comer como a hombre de ingenio, y nunca pareció más tonto entre una media docena de personas a quienes ella le había elogiado... Los engañó con su silencio."

Uno de los amigos de Molière, De Villiers, en su comedia de *Zelinda*, representa a un mercader de encajes de la calle Saint-Denis, Argimont, quien conversa, en el cuarto que está sobre su tienda, con una dama de calidad, Oriana. Suben a decir que *Élomire* (anagrama de Molière) está en el cuarto de abajo. Oriana querría que subiese para verle, y el mercader baja, creyendo poder llevarse consigo hacia arriba al nuevo cliente, con pretexto de mostrarle algún encaje; pero bien pronto vuelve solo. "Señora –dice a Oriana–, estoy desesperado de no poder satisfaceros; después que bajé, Élomire no dijo ni una sola palabra; le encontré apoyado a la pared, en la postura de un hombre que sueña. Tenía la mirada fija sobre tres o cuatro personas de calidad que compraban encajes; estaba atento a sus palabras, y por el movimiento de los ojos parecía que miraba hasta el fondo de su alma para descubrir lo que estas personas no decían. Creo que hasta tenía algunas tabletas y que, a favor de su manto, escribía, sin ser visto, lo que decían y que él creía más digno de notarse." Y a lo que responde Oriana sobre que tal vez tuviese hasta un lápiz para dibujar sus gestos y hacerlos representar al natural en el teatro, el mercader añade: "Pues si no los ha dibujado en sus tabletas, indudablemente los ha impreso en su imaginación. Es un personaje peligroso. Hay algunos que no avanzan sin las manos: de él puede decirse que no avanzaría sin los ojos y sin los oídos". Es fácil, a través de la exageración del retrato, notar el parecido. Molière fue visto una vez, durante varias horas, sentado junto al coche de Auxerre, esperando la partida. Observaba lo que sucedía a su derredor; pero su observación era tan seria frente a los objetos, que simulaba la abstracción del geómetra, el sueño del fabulista.

El príncipe de Conti, cuando todavía no era jansenista, había hecho representar varias veces a Molière y a la compañía del *Ilustre Teatro*, en su hotel, en París. Mientras se hallaba en Languedoc con los Estados, llamó a su antiguo condiscípulo, que fué de Pézénas y de Narbona a Béziers o a Montpellier[1] para ver al príncipe.

El poeta puso en obra su más variado repertorio, sus cuadros a la italiana, y *El Atolondrado*, su última pieza, y añadió la encantadora comedia de *El Desengaño amoroso*. El príncipe, complacido, quiso hacerle su secretario, en substitución del poeta Sarazin que acababa de morir; pero Molière rehusó, debido al apego que tenía por su compañía

1. Todos los biógrafos, desde Grimarest, habían dicho Béziers; Taschereau da buenas razones para creer que sea Montpellier. Este detalle tiene poca importancia, pero, en general, todas las anécdotas sobre Moliere están mezcladas de incertidumbre, por falta de un primer biógrafo escrupuloso y bien informado.

y por amor a su oficio y a la vida independiente. Después de algunos años de excursiones por el Mediodía, en donde le vemos ligarse amigablemente con el pintor Mignard en Aviñón, Molière se acercó de nuevo a la capital y se detuvo en Rouen, donde obtuvo, no como se ha conjeturado mediante la protección del príncipe de Conti convertido en penitente por el obispo de Alet desde 1655, sino por la ayuda de Monseñor, el duque de Orleáns, ir a representar a París frente al rey.

Así, el 24 de octubre de 1658, en la Sala de Guardias del viejo Louvre y en presencia de la Corte ytambién de los cómicos del hotel de Borgoña –peligroso auditorio–, Molière y su compañía se atrevieron a representar *Nicomedes*. Terminada con aplausos esa tragicomedia, Molière, que gustaba de hablar sobre la compañía como un orador (*grex*), y que en esa ocasión decisiva no podía ceder su papel a ningún otro, avanzó en el proscenio y, después de "agradecer a Su Majestad en términos muy modestos la bondad que había tenido al excusar sus defectos y los de su compañía que se había presentado temblando ante una asamblea tan ilustre, le expuso humildemente el deseo de que le permitiese representar una de las piececillas regocijadas que le habían dado alguna reputación y con las que regalaba a los provincianos". Esta pieza fue *El Doctor enamorado*. El rey, satisfecho del espectáculo, permitió a la compañía de Molière establecerse en París bajo el título de

Compañía de Monseñor, y representar alternativamente con los cómicos italianos en el teatro del Petit-Bourbon. Cuando se comenzó a construir, en 1660, la columnata del Louvre en el sitio mismo del Petit-Bourbon, la compañía de Monseñor pasó al teatro del Palacio-Real. Llegó a ser compañía *del Rey* en 1665, y más tarde, a la muerte de Molière, reunida primeramente con la compañía del Marais, y siete años después, en 1680, con la del hotel de Borgoña, formó el Teatro-Francés.

Desde la instalación de Molière y de su compañía, *El Atolondrado* y *El Desengaño amoroso* se dieron por primera vez en París y aquí no tuvieron menos éxito que en provincia. Aunque la primera de estas piezas no sea sino una comedia de intriga, imitada de los embrollos italianos, ¡qué verbo tenía ya, qué petulancia cálida, y qué actividad loca de imaginación nativa en ese Mascarilla que el teatro no había oído nombrar hasta entonces! Indudablemente, Mascarilla, tal como aparece primero, no es sino un hijo natural, en línea recta, de los criados o lacayos de la farsa italiana y de la antigua comedia, de la esclava del *Epídico*, del Crisalio de las Báquidas, de esos camareros *de oro*, como ellos se nombran, del de Marot. Es un hijo de Villon, alimentado también en las grandes francachelas, y uno de los mil predecesores de Fígaro; pero en *Las Preciosas*, va a particularizarse bien pronto. Y a llegar a ser el Mascarilla marqués, un camarero completamente moderno que lleva

31

la librea de Molière. *El Desengaño amoroso*, a través de la inverosimilitud y el convencionalismo vulgar de los disfraces y de los reconocimientos, ofrece en la escena de Lucila y Erasto una situación de corazón eternamente renovada, eternamente joven desde el diálogo de Horacio y de Lidia, situación que Molière ha vuelto a colocar en *El Tartufo* y en *El Gentilhombre Burgués*, siempre con felicidad, pero sin sobrepasar la excelencia de esta primera pintura; el que mejor que fustigar y burlarse, sabía también cómo se ama. *Las Preciosas ridículas*, representadas en 1659, atacaron a la vivo las costumbres modernas. Molière dejaba en esas piezas los cuadros italianos y las tradiciones del teatro, para ver en ellas las cosas con sus ojos, para hablar en ellas con claridad, según su naturaleza contra el más irritante enemigo de todo gran poeta dramático al principio, el tartamudeo del ingenio y el gustillo de alcoba que sólo es un disgusto. Él, hombre de rostro franco y de aspecto natural, iba, ante todo, a despejar la escena de esas mezquinas trabas para desenvolverse allí con facilidad y establecer el derecho de habla franca.

Se cuenta que, en la primera representación de *Las Preciosas*, un viejo de butacas, transportado por esta franqueza nueva, y que sin duda había aplaudido diecisiete años antes al *Embustero*, de Corneille, no pudo dejar de gritar, dirigiéndose a Molière que desempeñaba el papel de Mascarilla: "¡Valor, valor, Molière! ¡He aquí la buena comedia!" A ese grito, que el poeta adivinó nacido del verdadero público y de la gloria, a ese universal y sonoro aplauso, Molière sintió, como lo dijo Segrain, que su valor crecía, y entonces dejó escapar esa frase de noble orgullo, que marca en él la entrada a la gloriosa carrera: "Ya no tengo que estudiar a Plauto y a Terencio y desplumar los fragmentos de Menandro; sólo tengo que estudiar el mundo." Sí, Molière, el mundo se te abre; lo has descubierto y es tuyo; de hoy en adelante sólo tienes que escoger tus pinturas. Si imitas aun, será porque lo quieras, será porque espigaras lo que te convenga, pero será como rival que no teme los encuentros, como rey poderoso que aumenta su imperio. Todo lo que tomes, quedará embellecido.[1] Tras de la sal, un poco gruesa, de *El Cornudo imaginario* y los ensayos de *Don García* y *La Escuela de los Maridos*, volvió a esa ancha vía de la observación y de la verdad en la alegría. Sganarelle, a quien se nos había mostrado por primera vez en *El Cornudo imaginario*, reapareció y se desarrolló en La *Escuela de los Maridos*...

Sganarelle va a suceder a Mascarilla en el favor de Molière. Mascarilla era todavía demasiado joven y soltero.

---

1. Cuando se trata sobre todo de poesía dramática, se puede aplicar sin ironía a ciertos plagios hechos de mano maestra la frase de la *Fábula*:
... *Vous Leur fîtes, seigneur,*
En les croquant, beaucoup d'honneur.

Sganarelle es esencialmente casado. Nacido probablemente del teatro italiano y empleado desde un principio por Molière en la farsa de *El Médico volantón*; introducido en el teatro regular en un papel que se parece un poco a su Scarron, se naturaliza como lo hizo Mascarilla, se perfecciona pronto y crece bajo la predilección del maestro. El Sganarelle de Molière –en todas sus variantes de camarero, marido, padre de Lucinda, hermano de Aristis, tutor, charlatán y médico–, es un personaje que pertenece propiamente al poeta. Como Panurgo a Rabelais, Falstaff a Shakespeare, y Sancho a Cervantes. Es el aspecto de la fealdad humana personificada; el aspecto viejo y ceñudo, lánguido e interesado; el aspecto bajo y perezoso, ya mezquino, ya charlatán, caprichoso e impertinente; el aspecto feo que hace reír. En ciertos momentos alegres, como cuando Sganarelle le toca el seno a la nodriza, se parece al gordo Gorgibus, quien trae consigo al buenazo de Chrysale, ese otro cómico tan cordial y panzudo. Sganarelle, mezquino como su abuelo Panurgo, ha dejado, sin embargo, una posteridad digna de los dos, entre la cual conviene nombrar a Pangloss y no olvidar a Gringoire.[1]

En Molière, y frente a Sganarelle y en el punto más culminante de la escena, Alceste aparece. Y Alceste, no lo olvidemos, es lo que hay de más serio, de más noble, de más

1. En el libro *Nuestra Señora de Paris*, de Víctor Hugo.

elevado en lo regocijado. Con lo que el efecto teatral se produce de suerte perfecta.

Una línea más alta, y lo regocijado cesa, y entonces se obtiene un personaje puramente generoso casi heroico y trágico. Y aun tal como es, con un poco de mal humor, se ha podido aceptarle; Juan Jacobo y Fabre de Églantine, personas de contradicción, han hecho de él su hombre. Sganarelle abraza las tres cuartas partes de la escala regocijada, lo bajo y lo medio, que comparte con Gorgibus y Chrysale. Alceste toma la otra cuarta parte, la más elevada. Sganarelle y Alceste, he aquí a Molière completo.

Voltaire ha dicho que, aunque Molière sólo hubiese hecho *La Escuela de los Maridos*, sería un excelente cómico. Boileau no puede oír *La Escuela de las Mujeres* sin dirigir a Molière, atacado por muchos y a quien él no conocía aún, estancias fáciles en las que celebra la *encantadora* ingenuidad de esta comedia que iguala a las de Terencio.

Estas dos divertidas obras maestras sólo fueron separadas por la ligera, pero ingeniosa, comedia-improvisación de los *Fâcheux*, hecha y representada en quince días para las fiestas de Vaux. La Fontaine ha dicho de ella, en un elogio a esas fiestas, los últimos versos del desdichado Oronte:

C'est une pièce de Molière:
Cet écrivain par sa manière
Charme à présent toute la cour.

Nous avons changé de méthode;
Jodelet n'est plus à la mode,
Et maintenant il ne faut pas
Quitter la nature d'un pas.

Nunca el talento libre y pronto de Molière para los versos resplandeció más evidente que en esta comedia satírica, en las escenas del juego del ciento, o de la caza. La escena de la caza no se encontraba en la pieza cuando la primera representación; pero Luis XIV, señalando con el dedo a Molière, dijo a De Soyecourt, montero mayor: "He ahí un original que vos no habéis copiado aún." A la mañana siguiente, la escena del cazador quedaba hecha y ejecutada.

Boileau, en la pieza de *Los Enfadosos*, aventajó el procedimiento y lo sobrepasó; y en eso pensaba indudablemente cuando, tres años más tarde, preguntó a Molière en dónde encontraba la rima.

Era que Molière no la buscaba, y que no tenía la costumbre de hacer el segundo verso antes que el primero, y no se tardaba medio día o más para encontrar, en el fondo de un bosque, la palabra que se le había escapado. Tenía la vena rápida, era de *movimiento primo*, como Regnier y De Aubigné. No regateaba jamás la frase ni la palabra, hasta a riesgo de hacerle un pliegue al verso, o violentar el giro, o cometer un yato. Era todo un duque de Saint-Simon en poesía.

Tenía una manera de expresión siempre airosa y siempre segura, a la que cada ola de pensamiento llena y colora. Auger se ha empeñado en presentar como defectos todas esas faltas de reposo en el hemistiquio que tiene Molière. Es un trabajo pueril, ya que nuestro poeta no sigue en eso la ley que siguen Boileau y otros regulares.

Molière hacía sus versos de un modo tan natural, que sus piezas en prosa están llenas de versos libres. Se ha podido notar en *El Convidado de Piedra*, y ha llegado a conjeturarse que la piececilla de *El Siciliano* había sido hecha primeramente en verso y que Molière la desbarató completamente para ponerla en una prosa donde se reconocían las huellas poéticas.

Cuando a propósito de *El Avaro*, Fenelón declara preferir (como Ménage) las piezas en prosa de Molière a las que están en verso, y cuando habla de la multitud de metáforas que, según él, se acercan al galimatías, Fenelón, poeta elegante en prosa, no comprende nada, hay que decirlo, de esa rica manera de poesía que no es ya la de Virgilio y de Terencio, como en pintura la manera de Rubens no es la de Rafael. Boileau, por más que era artista sobrio y tenía un procedimiento diferente al de Molière, le hacía alta justicia; lo reprendía indudablemente algunas veces y hubiera querido depurar este o aquel detalle, como se ve, por ejemplo, en esta corrección que se ha conservado hecha a dos versos de *Las Mujeres sabias*. Molière había escrito primeramente:

Quand sur une personne on prétend s'ajuster,
C'est par les beaux côtés qu'il la faut imiter.

"Despréaux –a quien Brossette llama *El Rival de Cicerón*– encontró que eran una jerga esos dos versos, y los corrigió de esta manera:

Quand sur une personne on prétend se régler,
C'est par ses beaux endroits qu'il lui faut ressembler."

Pero jerga o no, era el primero en proclamar a Molière maestro en el arte de acuñar buenos versos, y no habría admitido el juicio demasiado descontentadizo de Fenelón. Por lo demás, no hay nada que asombre tanto como esa fina y mística naturaleza de Fenelón, con su ropaje blanco de lino, con su túnica sencilla, un poco larga y que arrastraba (en cuestión de estilo), el no haber comprendido esos admirables pliegues flotantes y ricos del manto del gran cómico. Lo que es ubérrimo, sobre todo, la alegría, repugna singularmente a las naturalezas delicadas y soñadoras. A despecho de esos juicios difíciles, como sátira dialogada en verso, *Los Enfadosos* son una obra maestra.

Durante los catorce años que siguieron a su instalación en París, y hasta el día de su muerte, en 1673, Moliere no cesó de producir. Para el Rey, para la Corte y para las fiestas ocasionales; para el placer del gran público y los intereses de su compañía; para su propia gloria y la seria posteridad. Molière se multiplicó y dio abasto a todo. No hay nada de meticuloso en él ni que deje sentir al autor de gabinete: verdadero poeta del drama, sus obras son para la escena, para la acción; no las describe, por decirlo así, sino que las representa. Su vida de comediante de provincia había sido la de los poetas primitivos populares, la de los rapsodas, juglares o peregrinos de la Pasión; iban, como se sabe, repitiéndose los unos a los otros, tomándose sus cuadros y sus temas y añadiendo algo según convenía, olvidados de sí mismos y de su obra individual, y sin guardar siquiera la copia de sus representaciones. Por eso los bosquejos e improvisaciones a la italiana, que Molière había multiplicado durante sus excursiones por las provincias, se perdieron, excepto dos: *El Médico volantón* y *Los Celos del Pintarrajeado*. Y queda por saber si el texto de estas dos obras es efectivamente de Molière.

Siguiendo el procedimiento de los poetas primitivos, que voluntariamente hacen entrar unas de sus obras en otras, estos bosquejos fueron más tarde introducidos y empleados en actos de piezas regulares. Los poetas de que hablamos, transportan –utilizan, si es posible valerse de esa palabra– ciertos trazos que ya están hechos. Así, pasajes enteros de *Don García de Navarra*, que no tuvo una feliz acogida, pasaron de esta pieza a la del *Misántropo* y a otras comedias o pasos. *El Atolondrado* y *El Despecho amoroso*, primeras piezas regulares de nuestro poeta, no fueron impresas sino diez años después de su aparición en la escena (1653 y 1663); *Las Preciosas* lo fueron más o menos durante su buen éxito, y a pesar de su autor, como lo indica el prefacio, y no es una afectación de suave violencia como la que han hecho otros después; el disgusto de Molière por verse impreso, está visible en ese prefacio. El Cornudo imaginario, que tuvo cerca de cincuenta representaciones, no fue impreso sino cuando un aficionado a la comedia, llamado Neufvillenaine, advirtiendo que se sabía de memoria la pieza entera, hizo una copia y la publicó, dedicada a Molière. Ese Neufvillenaine tenía mucha maña para tales trampantojos, pero el descuido de Molière fue tal, que no hizo jamás otra edición de *El Cornudo imaginario*. Por más que Neufvillenaine confesó, lo que sería fácil de creer aunque no lo hubiera confesado, que acaso en la copia, hecha de memoria, se hubiesen deslizado muchas frases cambiadas. ¡Oh, Racine! ¡Oh, Boileau! ¿Qué hubieseis hecho si un tercero hubiera manoseado de ese modo ante el público vuestras prudentes obras, o cambiado las frases a su gusto? Podemos ahora ver la gran diferencia nativa que hay entre Molière y esa familia sobria y económica, meticulosa y razonable de los Despréaux y los La Bruyère.

En la edición de Neufvillenaine –que, dado el tolerante silencio de Molière, es preciso considerar como la edición original–, la pieza es de un solo acto, aunque más tarde los editores de 1734 la hayan dividido en tres. Pero hay razones para creer que tratándose de Molière, como de los antiguos trágicos y cómicos, esa división de actos se ha hecho posteriormente y de suerte un poco artificial. Molière, como Plauto, no se atiene a divisiones regulares en sus primeras piezas, y deja frecuentemente la escena sola, sin que se pueda suponer el acto terminado.

Se apegó muy pronto, es cierto, a la regularidad, y desde entonces no la abandonó, pero se ve –e insisto sobre esto– cuán naturalmente poseía las costumbres de la época anterior. Para evitar cosas parecidas a la de Neufvillenaine, Molière debió pensar de allí en adelante en publicar él mismo sus piezas según el éxito que iban teniendo. *La Escuela de los Maridos*, dedicada al duque de Orleáns, su protector, es la primera obra que publicó, por su gusto. Y a partir de entonces, año 1661, entró en comunicación directa con los lectores.

Se le ve, sin embargo, caer en continua desconfianza a ese respecto. Teme a las tertulias, y prefiere ser juzgado *a la luz de las candilejas*; desde la escena, por la multitud.

Se ha creído, según un pasaje del prefacio de *Los Enfadosos*, que tenía el propósito de hacer imprimir sus notas y casi su poética, con ocasión de sus piezas, pero mejor entendido el pasaje, resulta que esa promesa, en desacuerdo con sus tendencias, no se llevaría a efecto. Más bien significaba una burla de su parte contra los grandes razonadores a lo Horacio y Aristóteles. Su poética, por lo demás, como actor y como autor, se encuentra entera en la *Crítica de la Escuela de las Mujeres* y en *La Improvisación de Versalles*, y allí está en acción, en comedia aún. En la escena VII de la *Crítica*, es Molière quien nos dice, por boca de Dorante: "¡Pertenecéis a las gentes graciosas que con sus reglas fastidian a los ignorantes y aturden de continuo! Parece, al oíros hablar, que esas reglas del arte son los misterios más grandes del mundo, y sin embargo, no son sino algunas observaciones fáciles, que el buen sentido ha hecho acerca de lo que puede quitar el placer que se tiene en leer esa clase de poemas. Y el mismo buen sentido, que hizo en otro tiempo estas observaciones, las hace fácilmente a diario sin la ayuda de Horacio y de Aristóteles... Dejémonos llevar de buena fe a las cosas que nos toman por el corazón, y no busquemos razonamientos que nos impidan gozar del placer."

Para acabar de tratar esa negligencia de literato que hemos demostrado en Molière, y que contrasta tanto con su ardiente prodigalidad como poeta y con su celo minucioso como actor y director, añadamos que ninguna edición completa de sus obras apareció en vida suya.[1] La

1. En realidad, tampoco después. Pues todavía siguen descubriéndose originales inéditos de creaciones de Molière, y el propio Sainte-Beuve dice aquí, en estas páginas, de algo de esto. (N. del T.)

Grange, miembro de su compañía, fue quien coleccionó y publicó todo en 1682, nueve años después de su muerte.

Molière, el más creador y el de más inventiva de los genios, es, quizás, el que ha sido más imitado por todos, y ese es aún otro rasgo que tienen de común los poetas primitivos populares y los ilustres dramáticos que los continúan. Boileau, Racine, André Chénier y los grandes poetas de estudio y de gusto, imitan también sin duda; pero su procedimiento de imitación es mucho más ingenioso, circunspecto y disfrazado, y se dirige más bien a los detalles. La manera de Molière en sus imitaciones es más familiar, más a manos llenas, y a favor de la memoria. Sus enemigos le acusan de haber robado la mitad de sus obras a los viejos libros. Vivió primeramente *a su manera* en la farsa tradicional italiana y galicana; a partir de *Las Preciosas* y de *La Escuela de los Maridos*, se personalizó; gobernó y dominó desde entonces sus imitaciones, y sin moderarlas mucho, las mezcló constantemente con un fondo de observación original. El río continuó arrastrando maderas de todas las orillas, pero en una corriente cada vez más amplia y poderosa.

Riccoboni dio una lista muy completa, y a veces demasiado vasta, de las imitaciones que Molière hizo de los italianos, de los españoles y los latinos. Cailhava y otros la han agrandado. Riccoboni tuvo la buena idea de creer que el genio de Molière no sufría con esos numerosos pillajes.

Al contrario, la admiración del comentador por su poeta, camina casi siempre en razón del número de imitaciones que descubrió en él, y no tiene límite cuando le ve en El Avaro entenderse hasta con cinco imitaciones, según dice, y quedar a través de esta mezcla de recuerdos más original que nunca. Ninguno de los italianos ha tenido tanta gracia, y el señor Angelo, *doctor* de la comedia italiana, llegó hasta reivindicar *El Misántropo*, que había sido contado por él todo entero a Molière, como lo afirma, según una pieza de Nápoles, cierto día que se pasearon juntos en el Palacio Real. Quince días después de esta conversación memorable, la comedia de *El Misántropo* quedaba hecha y anunciada en los carteles. Ante semejantes pretensiones, apoyadas en tales decires, no hay que oponer sino el juicioso desdén de Juan Bautista Rousseau, quien, en su correspondencia con D'Olivet y Brossette, tiene, además, el mérito de haber apreciado mucho a Molière. La carta del poeta a Chauvelin sobre la cuestión que nos ocupa vale más, como pensamiento, que las tres cuartas partes de sus odas. Lo que hay que reconocer es que las imitaciones en Molière están tomadas de todas las fuentes y son infinitas. Tienen un carácter de lealtad al mismo tiempo que de descuido.

Plauto y Terencio le prestan fábulas enteras; Straparole y Boceado, fondos para temas; Rabelais y Régnier, caracteres; Boisrobert, Rotrou y Cyrano, escenas; Horacio, algunas frases. Todo figura allí, pero todo se transforma. Nada queda igual. Allí donde más imita, ¿quién podría quejarse? Al lado de Sosia, que es copiado por él, ¿no está Cléanthis, que él ha ideado? Esas imitaciones, lejos de resfriarnos con el poeta, nos son muy caras; gustamos de buscarlas, de seguirlas hasta el fin, en una idea de parentesco. Convocamos por un momento al derredor de nuestro autor, en un grupo que los una y que él presida, a esas máscaras famosas de la buena comedia, desde Plauto hasta Patelin, a esos maliciosos narradores de todos los países, a esos filósofos satíricos e ingeniosos. Los menos considerables –los Boisrobert, los Sorel, los Cyrano– han sido introducidos allí por el favor que le han prestado y que a ellos les sirve de recomendación y de honra. Esas imitaciones, en una palabra, no son a menudo, para nosotros, sino el resumen dichoso de toda una familia de ingenios y de todo un pasado cómico en un nuevo tipo original y superior. Como el afortunado que, bajo el aspecto de la juventud, muestra a la vez a todos sus abuelos.

Si siguiéramos por el orden de su aparición cada una de las piezas de Molière, tendríamos materia para un estudio extenso e interesante; ese trabajo ha sido ya hecho, y muy bien, por otros; así, no lo intentamos, pues sería tanto como copiarlo.[1] Sobre *La Escuela de las Mujeres*, en 1662, y más tarde sobre el *Tartufo*, se entablaron combates como los que anteriormente se habían entablado a propósito de

El Cid, y como se renovaron después por *Fedra*; esos fueron días ilustres para el arte dramático. *La crítica de La Escuela de las Mujeres* y de *La Improvisación de Versalles* hablan largamente sobre los primeros combates, que fueron ante todo una riña de gusto y arte, aunque ya la religión se deslizaba en ellos a propósito de las órdenes de matrimonio dadas a Agueda. *Los Memoriales del Rey* y el prefacio del *Tartufo* marcan demasiado el carácter completamente moral y filosófico de la segunda lucha, tan frecuente después y tan ardientemente continuada. Lo que deseo recordar aquí es que, atacado por los devotos, envidiado de los autores, buscado de los grandes, camarero del Rey e indispensable para todas sus fiestas, Molière, añadiendo a todo eso las molestias de su pasión y de sus disgustos domésticos, devorado de celos conyugales, frecuentemente enfermo de una fluxión de pecho y de tos, director de compañía y comediante infatigable aun estando a régimen de leche; Molière, en fin y durante quince años, atiende a todos sus empleos, y a cada necesidad que sobreviene, su genio está presente y responde, guardando además sus horas de inspiración propia y de iniciativa.

Entre la deuda precipitadamente pagada a las fiestas de Versalles o de Chambord, y su cordial satisfacción a los deseos de la burguesía, Molière encuentra tiempo para hacer obras meditadas e inmortales. Luis XIV, su bienhe-

1. Ver a Auger y Taschereau.

chor y su apoyo, le encuentra siempre dispuesto; *El Amor Médico*, queda hecho, aprendido y representado en cinco días; *La Princesa de Élide* no tiene sino el primer acto en verso, el resto sigue en prosa y, como lo dijo espiritualmente un contemporáneo de Molière, a la comedia le falta tiempo en esta vez y sólo se calza un borceguí. Pero aparece a la hora justa, aunque el otro borceguí no esté atado. Sólo *Meliserta* no está concluida, pero *Los Enfadosos* lo fueron en quince días, y *El Matrimonio obligado*, y *El Siciliano*, y *Jorge Dandin*, y *Pourceaugnac*, y *El Gentilhombre Burgués*, todas esas comedias ingeniosas, con intermedios y bailes, fueron terminadas a tiempo. En interés de su compañía, le fue preciso a menudo precipitar la obra, como cuando le fue preciso también suministrar a su teatro un *Don Juan*, porque los comediantes del hotel de Borgoña y los de Mademoiselle tenían ya el suyo, y porque esa estatua ambulante no cesa de causar maravilla.

Esas diversiones no le impedían, tan pronto como le era posible, pensar en Boileau, en las representaciones difíciles, en él mismo y en el género humano, por medio de *El Misántropo*, *Tartufo* y *Las Mujeres sabias*. El año de *El Misántropo* es, en ese sentido el más significativo en la vida de Molière. Apenas acabada esa obra maestra seria, que lo pareció demasiado a la mayor parte del público, tuvo que volar hacia la jovialidad burguesa, presentando *El Médico a palos*, y de allí, de las butacas de la calle de Saint-Denis, se vio en el caso de correr a toda prisa hacia Saint-Germain, para dar *Melicerta*, *La Pastoral cómica*, y el valle de Tampé, donde le esperaba, en el prado, De Benserade. Molière hacía frente a todos los llamamientos.

En una epístola dirigida en 1669 al pintor Mignard, acerca de la iglesia de Val-de-Grâce, Molière hizo una descripción y un elogio de los frescos, que se aplica maravillosamente a su manera propia. Preconiza, en efecto,

> *Cette belle peinture inconnue en ces lieux,*
> *La fresque, dont la grâce, à l'autre préférée,*
> *Se conserve un éclat d'eternelle durée,*
> *Mais donc la promptitude et les brusques fiertés*
> *Veulent un grand génie à toucher ses beautés!*
> *De l'autre qu'on connoït la traitable méthode*
> *Aux foiblesses d'un peintre aisément s'accommode:*
> *La paresse de l'huile, allant avec lenteur,*
> *Du plus tardif génie attend la pesanteur;*
> *Elle sait secourir, par le temps qu'elle donne,*
> *Les faux pas que peut faire un pinceau qui tâtonne;*
> *Et sur cette peinture on peut, pour faire mieux,*
> *Revenir, quand on veut, avec de nouveaux yeux.*
>
> *Mais la fresque est pressante et veut sans complaisance*
> *Qu'un peintre s'accommode à son impatience,*
> *La traite à sa manière, et d'un travail soudain*

Saisisse le moment qu'elle donne à sa main.
La sévère rigueur de ce moment qui passe
Aux erreurs d'un pinceau ne fait aucune grâce;
Avec elle il n'est point de retour à tenter,
Et tout au premier coup se doit exécuter, etc.

En ese ardiente entusiasmo de Molière por los frescos, por la gran pintura dramática, por aquella misma que agita a las masas prosternadas en las capillas romanas, ¿quién podría dejar de reconocer la simpatía natural del poeta del drama, del poeta de la multitud, del ejecutor súbito y vehemente de tantas obras imperiosas también y activas? Por el contrario, en las obras acabadas, hechas para ser vistas de cerca, veinte veces manoseadas y pulidas, a lo Miéris, a lo Despréaux, a lo La Bruyère, encontramos la pereza del aceite. La alusión es muy directa para que Molière no haya pensado algo en ella.

Cizerón-Rival, generalmente exacto, dijo según Brossette: "A juicio de Despréaux (y por lo que sé de la poesía, puedo decir que no es ese su juicio menor), de todas las obras de Molière, aquella en que la versificación es más regular y más sostenida, es el poema que hizo en favor del famoso Mignard, su amigo. Ese poema, dijo a Brossette, puede tener un lugar en cualquier tratado completo de pintura, y el autor ha hecho entrar allí todas las reglas de ese arte admirable (y Despréaux citó los mismos versos que hemos dado antes). Notad, señor, añadió Despréaux, que Molière ha descrito sin pensarlo el carácter de sus poesías al marcar aquí la diferencia de la pintura al óleo y de la pintura al fresco. En ese poema sobre la pintura, ha trabajado como los pintores de óleo, que toman varias veces el pincel para retocar y corregir su obra; no es así en sus comedias; donde le es preciso desplegar más acción y movimiento, prefiere los *bruscos orgullos* del fresco a la *pereza del aceite*."

Este juicio de Boileau ha sido muy discutido desde los tiempos de Cizerón-Rival. Auger lo menciona como singular. Vauvenargues, que tiene la misma opinión de Fenelón sobre la poesía de Molière encuentra ese poema de Val-de-Gráce muy poco satisfactorio, y prefiere, en general, como pintor, a La Bruyère sobre el gran cómico: predilección de crítica moral por el modelo de género. ¡Sois pintor de óleo, señor de Vauvenargues! Boileau, tan interesado como él, en la cuestión, se muestra más juicioso. No es que yo admita que ese poema de Val-de-Gráce sea bueno y satisfactorio desde el principio hasta el fin, o que Molière haya modificado y apaciguado su manera al componerlo. La poesía es en él más caliente que clara; cae en la técnica y se embrolla a menudo al desear animarla. Pero Boileau ha puesto muy bien el dedo sobre el punto fino del trozo. Boileau, hay que reconocérselo, a pesar de lo que le hemos reprochado sobre sus reservas algo fuertes del *Arte Poética* o sobre su sorpresa, muy inocente y muy permitida por las rimas de Molière, fué soberanamente equitativo en todo lo que concierne al poeta, su amigo a quien llamaba *El Contemplador*. Supo comprenderle y admirarle en los puntos que eran más extraños para él mismo. Le agradaba ser su cómplice en el latín macarrónico de sus comedias más locas; le proporcionó las malignas etimologías griegas de *El Amor Médico*; medía en toda su extensión aquella facultad múltiple e inmensa. Y el día en que Luis XIV le preguntó cuál era el más raro de los grandes escritores que habían honrado a Francia durante su reinado, el juez rigoroso no vaciló en responder: "Sire, es Molière." "No lo creía yo así –replicó Luis XIV–; pero vos sabéis de esas cosas más que yo."

Se ha elogiado a Molière de tantas maneras como pintor de las costumbres y de la vida humana, que yo deseo mostrar, sobre todo, un lado que no se ha puesto mucho a la luz, o más bien, que es desconocido.

Molière, hasta su muerte, fue en progreso continuo en la poesía de lo cómico. Que progresó en la observación moral y en lo que se llama el alto cómico, como el de *El Misántropo*, de *Tartufo* y de *Las Mujeres sabias*, es un hecho evidente, y no insisto sobre eso; pero en tomo, a través de ese desarrollo, donde la razón cada vez más firme, la observación cada vez más madura, toman parte, hay que admirar ese aumento siempre creciente de labia cómica, enloquecedora, rica, inextinguible, que distingo fuertemente, aunque

51

el límite sea difícil de marcarse, de la farsa, algo bufa, y del dejo algo escarronesco en que incidió Molière al comenzar. ¿Qué diré? Es la distancia que hay entre la prosa de la *Novela Cómica* y algún coro de Aristófanes o ciertos desahogos de Rabelais. El genio de la irónica y mordente alegría tiene también su lírica, sus puros deportes, su risa chispeante, redoblada casi sin causa al prolongarse desinteresada de lo real, como una flama loca que se mueve después que la combustión grosera ha cesado; una risa de los dioses, suprema, inextinguible. Esto no lo han sentido muchos hombres de gusto, como Voltaire, Vauvenargues y otros, en la apreciación de lo que se ha llamado las últimas farsas de Molière. De Schlegel habría debido comprenderlo mejor; él, que celebra místicamente los artificios finales de Calderón, no habría debido quedar como ciego hasta esa pirotecnia, igual por lo menos deslumbrante de alegría que da su aurora al otro polo del mundo dramático. Ciertamente concedió a Molière el genio de lo burlesco, pero esto en un sentido prosaico, como hubiera hecho en favor de Searron, y prefiriendo mucho más el genio fantástico y poético del comediante Le Grand.

¿De Schlegel tenía rencor contra Molière por el pasaje inocente del pedante Carítides sobre los alemanes de entonces, *grandes inspectores de inscripciones y letreros*? Dígase lo que se diga, *El Señor de Pourceaugnac*, *El Gentilhombre burgués* y *El Enfermo imaginario*, atestiguan en el más alto grado cómico, abundante e imprevisto que, a su manera, Molière rivaliza en fantasía con el autor de *El Sueño de una Noche de Verano* y *La Tempestad*.

Pourceaugnac, Jourdain y Argant, forman el lado de Sganarelle continuado, pero más poético, más apartado de la farsa de *El Pintarrajeado* más elevado por eso hasta lo real.

Molière, forzado por las diversiones de la corte a combinar sus comedias con bailes, llegó a desplegar, a desencadenar en eses bailes de ocasión, los coros bufonescos y petulantes de los abogados, los sastres, los turcos, y los boticarios; el genio hace una inspiración de cada necesidad. Encontrada esta salida, la imaginación inventiva de Molière se precipitó en ella. Las comedias con los bailes de que hablamos no eran absolutamente (guardaos de creer tal cosa), concesiones a la vulgaridad del público, provocaciones directas a la risa del burgués, por más que esa risa encontrase allí motivo para mostrarse; fueron imaginadas más bien con ocasión de las fiestas de la corte. Pero Molière se complació en ellas y se exaltó hasta el delirio; llegó a hacer bailes intermedios para *El Enfermo imaginario*, espontáneamente, y sin que hubiese respecto a esta pieza mandato alguno de la corte u órdenes del rey. El grande hombre se arrojó en ellas lleno de ironía y de alegría de corazón, en medio de sus disgustos diarios, como en una acre y aturdida embriaguez.

Murió en plena crisis y al dar la nota más alta de ese ímpetu.

Y ahora, entre esos dos puntos extremos de *El Enfermo imaginario* o de *Pourceaugnac*, y de *El Pintarrajeado* y de *El Cornudo imaginario*, por ejemplo, que se coloque sucesivamente lo que Boileau llama la encantadora ingenuidad, de *La Escuela de las Mujeres*, y de *La Escuela de los Maridos*, el excelente y profundo carácter de *El Avaro*; tantos personajes verdaderos y reales, parecidos a muchos y no copiados sin embargo, sino imaginados; el sentido grave, docto y mordente de *El Misántropo*; el *Tartufo*, que reúne todos los méritos por la gravedad del tono también, por la importancia del vicio atacado y lo apremiante de las situaciones; *Las Mujeres sabias* en fin, que son el más perfecto estilo de comedia en verso, el tercero y último golpe dado por Molière a los críticos de *La Escuela de las Mujeres*, a esa raza de gazmoños y de preciosas; que se marquen esos diversos puntos, y se tendrá toda la escala cómica imaginable. De la farsa franca y un poco ordinaria del comienzo, nos levantaremos, pasando por lo ingenuo, lo serio, lo profundamente observado, hasta la fantasía de la risa en toda su pompa y en la algazara más delirante.

Las Trapacerías de Escapin, representadas entre *El Gentilhombre burgués* y *La Escuela de las Mujeres*, ¿pertenece a esa adorable locura cómica de la que he tratado dar idea, y que recae por momentos en la farsa un poco enharinada y bufonesca, como lo ha pensado Boileau en su *Arte Poética*? Quizá yo sería más bien de esta última opinión, salvo las conclusiones demasiado generales que de ella saca el poeta regulador:

> *Étudiez la cour et connoissez la ville;*
> *L'une et l'autre est toujours en modèles fertile.*
> *C'est par là que Molière, illustrant ses écrits,*
> *Peut-être de son art eût remporté le prix,*
>
> *Si, moins ami du peuple en ses doctes peintures,*
> *Il n'eût pas fait souvent grimacer ses figures,*
> *Quitté pour le b o u f f o n l'agréable et le fin,*
> *Et sans honte à Térence allié Tabarin:*
> *Dans ce sac ridicule où Scapin l'enveloppe,*
> *Je ne reconnais plus l'auteur du Misanthrope,*

Por lo que hace a las restricciones reprochadas y reprochables en Boileau a ese respecto, su error consiste en haber generalizado demasiado un juicio que, aplicado a *Scapin*, podría parecer verdadero al pie de la letra. Esta pieza ha sido, efectivamente, imitada en parte de la *Francisquina*, de Tabarin, y en parte del *Formion*, de Terencio. Además, leyendo convenientemente el verso *Dans ce sac ridicule ou Scapin l'enveloppe* (pues Molière hacía en esta pieza el papel de Geronte y, por consecuencia, entraba en persona dentro del saco), se concibe la impresión penosa que causaba a Boileau la vista del autor de *El Misántropo*, enfermo, ya de edad de cincuenta años y apaleado en el teatro. Si nosotros hubiésemos visto a nuestro Taima en la escena bajo la misma situación subalterna, habríamos sufrido ciertamente.

Leo en Cizeron-Rival el rasgo siguiente, que aclara y precisa el pasaje del *Arte Poética*: "Dos meses antes de la muerte de Molière, Despréaux fue a verle y le encontró muy disgustado por su tos y haciendo esfuerzos de pecho que parecían amenazarle con un fin próximo." Molière, naturalmente muy frío, dio más muestras de afecto que otras veces a Despréaux. Esto le decidió a decirle: "Mi pobre señor Molière, estáis en un estado lastimoso. La contención continua de vuestro espíritu, la agitación continua de vuestros pulmones en el teatro, todo, en fin, debería determinaros a renunciar a la representación. ¿No hay ningún otro fuera de vos en la compañía, que pueda desempeñar los primeros papeles? Contentaos en componer, y dejad la acción teatral a alguno de vuestros camaradas; eso os hará más honor ante el público, que verá a vuestros actores como asalariados; ellos, por otra parte, que no son de los más flexibles con vos, sentirán mejor vuestra superioridad."

– ¡Ah, señor! –respondió Molière–; ¿qué es lo que me decís? Precisamente el honor para mí está en no abandonar el teatro.

"¡Curioso pundonor! –decía para sí el satírico–; pundonor que consiste en ennegrecerse todos los días el rostro para hacerse el bigote de Sganarelle, y en poner la espalda para recibir todas las palizas de la comedia. ¡Cómo! ¿Éste hombre, el primero de nuestra época por el espíritu y por los sentimientos de un verdadero filósofo, ese ingenioso censor de todas las locuras humanas, tiene una más extraordinaria aún que las que él critica a diario? Eso muestra bien lo que son los hombres."

Boileau, en efecto, no aconsejó a Molière abandonar a sus camaradas ni abdicar la dirección, lo que el director de la compañía habría podido rehusar por humanidad, como se dice, y por muchas otras razones; le exhortaba simplemente a abandonar las tablas; pero era el viejo comediante obstinado el que se rebelaba en Moliere. Boileau debió de haber escrito el aludido pasaje del *Arte Poética* (así me lo parece), bajo la impresión que sacó de la citada conversación.

La posteridad siente distinto; lejos de vituperarlas, ama las debilidades y contradicciones en el poeta de genio; ellas sirven mucho para mostrar el retrato de Molière y dan a su fisonomía un aspecto más proporcionado al del común de los hombres. Así se le encuentra aún, como uno de nosotros, en sus pasiones de corazón y en sus disgustos domésticos.

El cómico Molière había nacido tierno y fácil para el amor, al igual que el tierno Racine había nacido cáustico e inclinado al epigrama. Sin salir de las obras de Molière, se tendrán las pruebas de esta sensibilidad al observar la predilección que tuvo siempre por el género noble y romancesco en muchos de los versos de *Don García* y de *La Princesa de Élíde*, en aquellas tres encantadoras escenas de despecho, tanto en la pieza de este nombre, como en el *Tartufo* y en *El Gentilhombre burgués*, y por último en la escena conmovedora de Elvira monja, en el cuarto acto de *Don Juan*.

Plauto y Rabelais, grandes cómicos, ofrecen también, a pesar de su reputación, rasgos de una facultad sensible, delicada, que sorprendemos en ellos con agrado, y más aún en Molière. Hay todo un Terencio en Molière. Por lo que respecta a la amistad, no habría sino buenas cosas que decir. Su soneto sobre la muerte del abate Lamothe-le-Vayer, y la carta que envía con él, honran su dolor. Molière se entiende mejor llorando con un padre, que con la lírica de Malherbe. Voy a citar algunos versos tiernos de Don García, de los cuales Racine podría estar celoso y desearía para su *Bérénice*.

Un soupir, un regard, une simple rougeur,
Un silence est assez pour expliquer un coeur.
Tout parle dans l'amour, et sur cette matière
Le moindre jour doit être une grande lumière.

Oh! que la différence est connue aisément
De toutes ces faveurs qu'on fait avec étude,
A celles où du coeur fait pencher l'habitude!

Dans les unes toujours on paroit se forcer;
Mais les autres, hélas! se font sans y penser,
Semblables à ces eaux si pures et si belles
Qui coulent sans effort des sources naturelles.

Y en *Los Enfadosos*:

L'amour aime surtout les secrètes faveurs;
Dans l'obstacle qu'on force il trouve des douceurs,
Et le moindre entretien de la beaut é qu'on aime,
Lorsqu'il est dé fendu, devient grâce suprême.

Y en *La Princesa de Élide*, en el primer acto y primera escena, estos versos, que muestran una observación tan verdadera de los amores tardíos, desarrollados mucho tiempo después del primer encuentro:

Ah! qu'il est bien peu vrai que ce qu'on doit aimer,
Aussitôt qu'on le voit, prend droit de nous charmer,
Et qu'un premier coup d'oeil allume en nous les flammes
Où le Ciel en naissant a destiné nos âmes!

con todo el pasaje que sigue. –Así, Molière, de complexión sensible y amorosa hasta este punto, en el tiempo en que pintaba del modo más alegre del mundo a Arnulfo dictando las órdenes de matrimonio a Agueda; Molière, de cuarenta años (1662), se casaba con la joven Armanda Béjart, de edad de diecisiete años a lo más, y hermana menor de Magdalena.[1] A pesar de su pasión por ella y de su genio, no

1. Se ha creído durante mucho tiempo que esa joven Béjart, mujer de Molière, era hija natural y no hermana de la otra Béjart; hasta se ha llegado a creer que fuese hija de Molière, y después se siguió en esa creencia, hasta que Beffara descubrió en nuestros días el acta del matrimonio que destruye este parentesco. Portia d'Urban ha intentado afirmar, no la autenticidad, sino el valor de esta - acta, y entre muchas razones vanas, ha aducido algunas reflexiones muy plausibles. Es muy singular, en efecto, que todos los biógrafos de Molière, desde Grimarest, hayan escrito, sin contradicción, que se había casado con la hija natural de la Béjart, su primera amante. Montfleury llegó hasta dirigir a Luis XIV una denuncia contra el ilustre cómico, acusándole de haberse casado con la hija después de haber vivido con la madre, e insinuando con esto, que había podido muy bien casarse con su propia hija, cosa que podía ser exactamente refutable por las fechas. Luis XIV no respondió a ese desencadenamiento de odio, sino haciéndose padrino del primer hijo de Molière. Ciertamente que la más directa justificación que Molière pudo ofrecer al rey en esta circunstancia, fue presentarle el acta de su matrimonio y la prueba de que las dos Béjart no eran sino hermanas. Mas ¿cómo todos aquellos que han tratado sobre Molière, y Grimarest entre ellos, su principal biógrafo, que escribía según Baron; cómo sus otros contemporáneos, Marcel, autor presunto de una primera *Vida abreviada*, el autor desconocido de *La*

escapó a la desdicha, de la que él había dado tan locas pinturas. Don García era menos celoso que Molière. Jorge Dandin y Sganareile habían sido menos engañados. A partir de *La Princesa de Élide*, época en que la infidelidad de su mujer comenzó a mostrársele, su vida doméstica no fue sino un largo tormento. Advertido de los éxitos que al parecer obtenía con ella De Lauzun, Molière provocó una explicación. Mademoiselle Molière, en esta situación difícil, cambió los asuntos, confesando tener una inclinación por De Giche, y arreglándose, como dicen las crónicas, con lágrimas y un desvanecimiento. Herido por su desgracia, nuestro poeta se dispuso a amar a la señorita de Brie, o mejor dicho, fue hacia ella para distraer las penas de su otro amor; Alceste vuelve a Elianta por los desdenes de Celimena. Cuando representó *El Misántropo*, Molière, desavenido con su mujer, no la veía sino en el teatro, y era difícil que entre ella, que desempeñaba el papel de Celimena, y él que representaba el de Alceste, no se cruzara alguna alusión a sus sentimientos y a su real situación. Añadid, para que los disgustos de Molière fuesen más complicados, la

famosa Comediante; Bayle, de Visé, que contradijo a Grimarest sobre varios puntos, cómo han podido ignorar la manera con que respondió Molière? ¿Cómo un error tan grande acerca de una relación tan cercana, pudo tener autoridad en el tiempo de Molière, y hasta personas que tanto le habían visto y tratado?... Y sin embargo, a pesar de la dificultad de la explicación, es preciso creer en esa acta.

presencia de la antigua Béjart, mujer imperiosa y poco afable, a lo que parece. El grande hombre que caminaba a veces tan difícilmente entre estas tres mujeres, estaba, como lo decía de un modo tan agradable Chapelle, al igual que Júpiter durante el sitio de Ilion entre las tres diosas. Mas dejemos que hable sobre ese capítulo doméstico un contemporáneo del poeta, en un relato no demasiado auténtico ciertamente, pero muy creíble, sin embargo, por el fondo y el color y que es insuperable por su familiaridad en los detalles.

"Molière tuvo que hacer un gran esfuerzo para resolverse a vivir con su mujer en esta gran indiferencia. La razón le hacía mirarla como indigna de las ternuras de un hombre honrado. El afecto le obligaba a considerar la pena que tendría en verla sin gozar de los privilegios que da el matrimonio, cuando un día, pensando en eso en su jardín de Auteil, uno de sus amigos, llamado Chapelle, fue por casualidad a pasearse allí, y al hablar con él, encontrándole más inquieto que de costumbre, le preguntó varias veces el motivo. Molière que se sonrojaba de sentirse tan inepto para soportar una desgracia que estaba muy a la moda, resistió cuanto pudo; pero en dicha ocasión se hallaba en uno de esos momentos de plenitud de corazón, tan conocidos por los que han amado. Cedió al deseo de desahogarse y confesó de buena fe a su amigo que la manera como se veía obligado a tratar a su mujer era la causa del abatimiento en que se encontraba. Chapelle, que creía estar por encima de todas estas cosas, se burló de que un hombre como Molière, que tan bien sabía pintar la debilidad de los otros, cayera en ésa que él vituperaba diariamente, y le hizo ver que lo más ridículo de todo era amar a una persona que no corresponde la ternura que se tiene por ella. Y en cuanto a mí –añadió–, os confieso que si fuese tan desgraciado de encontrarme en un estado parecido y estuviese persuadido de que la misma persona concedía favores a otros, tendría por ella tal desprecio, que esto me curaría infaliblemente de mi pasión. Pero tenéis todavía una satisfacción que no tendríais si se tratase de una amante: la de la venganza; esa pasión que ordinariamente toma el lugar del amor en un corazón ultrajado, puede compensaros de todos los disgustos que os causa vuestra esposa, puesto que podéis vos encarcelarla; ése sería un medio seguro de dar reposo a vuestro espíritu.

Molière, que había escuchado a su amigo con bastante tranquilidad, le interrumpió al fin para preguntarle si no había estado enamorado alguna vez.

–Sí –le respondió Chapelle–; lo he estado como debe estarlo un hombre de buen sentido; pero no me hubiera costado tanto trabajo hacer lo que mi honor me hubiese aconsejado; y ahora me sonrojo por vos al encontraros tan indeciso.

–Veo bien –respondió Molière–, que aún no habéis amado verdaderamente, y que habéis tomado la sombra del amor por el amor mismo. No traeré a vuestra memoria la multitud de ejemplos que os harían conocer la potencia de esta pasión; simplemente os haré un relato fiel de mi situación, para que comprendáis cuán poco dueño de sí mismo es uno, cuando el amor ha tomado una vez, sobre nosotros, cierto ascendente que el temperamento le da de ordinario. Para responderos, pues, sobre lo del conocimiento perfecto que, según decís, tengo del corazón del hombre, por los retratos que presento diariamente, estoy de acuerdo en que me he estudiado tanto, que he podido llegar a conocer su debilidad; pero si mi conciencia me ha enseñado que se puede huir el peligro, mi experiencia me ha hecho ver muy bien que es imposible evitarlo; de ello juzgo de continuo por mí mismo. He nacido con las menores disposiciones posibles a la ternura, y como he creído que mis esfuerzos podrían inspirar a mi mujer, por la costumbre, sentimientos que el tiempo no podría destruir, nada he olvidado para llegar a eso. Como ella era muy joven cuando nos casamos, no me hice cargo de sus malas inclinaciones, y me creí un poco menos desdichado que la mayor parte de los que contraen esas uniones. Así, el matrimonio no desalentó mi actitud solícita. Pero la encontré tan indiferente, que comencé a advertir que todas mis preocupaciones habían sido inútiles, y que lo que ella sentía por mí estaba muy lejos de lo que yo había deseado para ser dichoso. Me hice a mí mismo ese reproche por una delicadeza que me parecía ridícula en un marido, y atribuí a su humor lo que era un efecto de su poca ternura hacia mí. Mas tuve muchos medios para poder notar mi error, y la pasión loca que poco tiempo después ella tuvo por el conde de Guiche, hizo demasiado ruido para dejarme en esa tranquilidad aparente. Nada economicé, desde el primer instante en que tuve conocimiento de eso, para vencerme, dada la imposibilidad que encontré en cambiarla. Para ello me serví de todas las fuerzas de mi espíritu; llamé en mi ayuda a todo lo que podía contribuir para mi consuelo. La consideré como a una persona cuyo único mérito estaba en la inocencia, y que por tal razón no tenía ya ninguno después de su infidelidad. Tomé desde entonces la resolución de vivir con ella como un hombre honrado que tiene una mujer coqueta, y que está bien persuadido, dígase lo que se quiera, de que su reputación no depende absolutamente de la mala conducta de su esposo; pero tuve la pena de ver que una persona sin belleza, que debe el poco ingenio que tiene a la educación que yo le he dado, destruía en un instante toda mi filosofía.

Su presencia me hizo olvidar mis resoluciones, y las primeras palabras que ella me dijo para defenderse, me dejaron tan convencido de que mis sospechas estaban mal fundadas, que le pedí perdón de haber sido tan crédulo. Sin embargo, mis bondades no la han cambiado. Me he determinado, pues, a vivir con ella como si no fuese mi mujer; pero si supieseis lo que yo sufro, tendríais piedad de mí. Mi pasión ha llegado a tal punto, que hasta simpatiza con sus intereses. Y cuando yo considero cuán imposible me es vencer lo que siento por ella, me digo al mismo tiempo que ella tal vez tenga esa misma dificultad que yo para destruir la inclinación que tiene de ser coqueta, y entonces me encuentro más bien en disposiciones de compadecerla que de vituperarla. Me diréis sin duda que se necesita ser poeta para amar de esta manera; mas, por lo que hace a mí, creo que no hay sino una clase de amor, y que aquellos que no han sentido esta clase de delicadezas, no han amado jamás verdaderamente. Todo lo del mundo se relaciona con ella en mi corazón. Mis ideas están de tal modo ocupadas en ella, que en su ausencia no sé de nada que pueda divertirme. Cuando la veo, la emoción y los transportes que siento y que no puedo amostrar, me quitan el uso de la reflexión; no tengo ya ojos para sus defectos; sólo me quedan para todo lo que ella tiene de amable.[1] ¿No es ésa la última de las locuras, y no os admira que todo lo que tengo de

1. Los mismos sentimientos se encuentran expresados en términos casi parecidos en boca de Alceste:

   Mais avec tout cela, quoi que je puisse faire,
   Je confesse mon foible, elle a l'art de me plaire;
   J'ai beau voir ses défauts et j' ai beau l'en blâmer,
   En dépit qu'on en ait, elle se fait aimer.

razón no sirve sino para hacerme conocer mi debilidad, sin que pueda triunfar de ella?[1]

–Os confieso a mi vez –le dijo su amigo–, que sois más digno de compasión que lo que yo creía; pero es preciso esperarlo todo del tiempo. Continuad, sin embargo, en vuestros esfuerzos; ellos harán su efecto cuando menos penséis; y por mi parte deseo que muy pronto estéis tranquilo.

Chapelle se retiró y dejó a Molière pensando aún por largo tiempo en los medios de distraer su dolor."

Esta conmovedora escena pasó en Auteil, en ese jardín más célebre aún por otra aventura que la imaginación clásica ha bordado hasta el infinito, que Andrieux ha pintado con gusto y cuya alegría conviene más a la idea común que despierta el nombre de Molière. Deseo referirme a la famosa comida en que, mientras el anfitrión enfermo estaba en su alcoba, Chapelle hacía los honores del vino y del festín tan ampliamente que todos los invitados, con Despréaux a la cabeza, habrían corrido a ahogarse en el Sena de puro alegres, si Molière, atraído por el ruido, no les hubiese aconsejado posponer la empresa para la maña-

1. Así también, en el quinto acto, Alceste dice a Eliante y a Filinto:
   Vous voyez ce que peut une indigne tendresse,
   Et je vous fais tous deux témoins de ma foiblesse, etc.
   y todo lo que sigue.

na siguiente, con la claridad del alba. Notad que esta alegre anécdota no tuvo tanta fama, sino porque el nombre popular de nuestro gran cómico se mezcló en ella y la animó. El nombre literario de Boileau no habría bastado para vulgarizarla hasta este punto; no hay ninguna anécdota de esta clase sobre Racine. Esas leyendas no corren sino respecto de los poetas verdaderamente populares. Así también, a su regreso de la casa de Auteil, por agua, tuvo lugar entre Molière y Chapelle *la aventura del mínimo*. Chapelle, que se había conservado gasendista puro por recuerdo del colegio, como cualquier imbécil de nuestros días que, bebedor y perezoso, se ha conservado fiel a los versos latinos, Chapelle disfrutaba acaloradamente en el buque sobre la filosofía de los átomos, y Molière le negaba con pasión esa filosofía, añadiendo a cada momento, según cuenta la historia, estas palabras: *¡Lo de la moral, pase!* Y un religioso que se encontraba allí y que parecía atento a esas diferencias, interpelado a cada momento por una y otra parte, lanzaba de tiempo en tiempo una exclamación cuyo tono era el de un hombre que dice menos de lo que piensa. Los dos amigos esperaban su decisión. Mas habiendo llegado ante los *Buenos Hombres*, el religioso pidió bajar a tierra y tomó su alforja del fondo del buque: era un fraile mendicante. Sus exclamaciones discretas lanzadas a tiempo, habían hecho que se le juzgase hombre de letras. "Mira, chiquillo –dijo entonces Molière a Barón (hijo), que estaba allí–, mira lo que hace el silencio junto con la discreción."

En cuanto a la escena seria y melancólica del jardín, que acabamos de apuntar y que tuvo efecto entre Chapelle y Molière, Grimarest la cuenta casi en los mismos términos, aunque hace figurar en ella al médico Rohault en vez de Chapelle. Es muy posible que Molière hubiese hablado a Rohault sobre sus penas en el mismo sentido que lo hizo con su otro amigo; pero está uno tentado de acoger mejor la versión precedente, por más que forme parte de un libelo escandaloso, (*La Comediante famosa*), publicado contra la viuda de Molière, la Guérin, quien, como tantas viudas de grandes hombres, se había casado de nuevo muy poco decorosamente. Se encuentran en ese mismo libelo, que no parece por otra parte dirigido contra Molière, extraños detalles referidos de paso sobre sus primeras relaciones con el joven Barón (el Barón que desempeñaba entonces el papel de Mirtilo en *Melicerta*). El pensamiento se vuelve involuntariamente a ciertos sonetos de Shakespeare. Pero ignoramos, rechazamos por Molière lo que desmiente desde luego su genio *desbozalado*, como la duquesa palatina de Orleáns decía de Luis XIV, y lo que en Shakespeare al menos podemos explicar e idealizar honorablemente.[1]

1. La palabra *love* empleada por Shakespeare a propósito del joven de quien es amigo, no es indudablemente sino una forma cortesana, tal como se practicaba en el siglo XVI.

Si Molière no ha dejado sonetos a la manera de nuestros grandes poetas, sobre sus sentimientos personales, sus amores y sus dolores, ¿ha transportado indirectamente algo de eso a sus comedias? En tal caso, ¿en qué medida lo ha hecho?

Se encuentra en su vida, por Taschereau, más de un paralelismo ingenioso de sus principales circunstancias domésticas con algunos pasajes de las piezas que pueden muy bien corresponder. "Molière –decía La Grange, su compañero y primer editor de sus obras completas–, Molière hacía admirables aplicaciones en sus comedias, en las que puede decirse que ha obligado a representar a todo el mundo, ya que él está allí en primer lugar, en varios pasajes, con sus asuntos de familia, mirando lo que pasaba en el interior de su casa. Esto lo han notado sus amigos íntimos en muchas ocasiones."

Así, en el tercer acto de *El Gentilhombre burgués*, Molière ha dado un retrato de su mujer; en la escena primera de *La Improvisación de Versalles*, coloca un rasgo picante sobre la fecha de su matrimonio; en la quinta escena del segundo acto de *El Avaro*, se burla él mismo de su fluxión de pecho y de su tos; y así también en *El Avaro*, acomoda al papel de La Flèche el andar cojo del mayor de los Béjart, tal como había atribuido al Jodelet de *Las Preciosas*, la palidez del rostro del cómico Brécourt. Es muy probable que haya pensado con Arnolfo y Alceste, en su edad, su situación, y sus celos, y que bajo el disfraz de Argan, dé satisfacción a su antipatía contra la Facultad.

Mas hay que hacer una distinción esencial en la que es preciso meditar muy bien, porque toca el fondo mismo del genio dramático. Los rasgos anteriores no se relacionan sino con asuntos vagos y generales o con detalles muy sencillos. Y, en realidad, ninguno de los personajes de Molière es *él mismo*. Hasta la mayor parte de los rasgos que acabamos de indicar no deben ser tomados sino por artificios y alusiones menudas del actor excelente, o por alguna de esas confusiones pasajeras entre el actor y el personaje, familiares a los cómicos de todos los tiempos y que ayudan a la risa. Otro tanto se puede decir de las pretendidas copias que Molière hizo de ciertos originales. Alceste sería el retrato de De Montausier, el Gentilhombre Burgués sería el de Rohault, el Avaro el del presidente De Bercy... ¿qué sé yo? Aquí vemos al conde de Grammont, allá al duque de La Feuillade, que paga los gastos de la pieza... Los Dangeau, los Tallemant, los Guy Patin, los Cizeron-Rival, todos esos aficionados a bufonadas, están allí, con un celo ingenuo, y nos ponen al corriente de sus descubrimientos anecdóticos innumerables. Todo eso es fútil. No; Alceste tiene tanto de De Montausier como de Molière, y no es Despréaux aunque reproduzca igualmente algún rasgo. No, el mismo cazador de *Los Enfadosos*, no es De Soyecourt, y Trissotin no es el abate Cotin. Los per-

71

sonajes de Molière, en una palabra, no son copias, sino creaciones. Acepto lo que dice Molière de los pretendidos retratos de su *Improvisación de Versalles*, y lo acepto por razones más radicales que las que él da. Hay rasgos hasta lo infinito en Molière, pero no hay retratos o hay muy pocos. La Bruyère y los pintores críticos hacen retratos pacientemente, ingeniosamente; coleccionan las observaciones, y frente de uno o de varios modelos, trasladan sin cesar a la tela detalle tras detalle. Es la diferencia que existe entre Onofre y Tartufo. La Bruyère, que critica a Molière, no lo siente. Molière, por su lado, inventa, engendra a sus personajes, que ciertamente tienen aquí y allá aspectos parecidos a tales o cuales individuos, pero que, a fin de cuentas, no son sino ellos mismos. Entenderlo de otro modo es ignorar lo que hay de múltiple y de complejo en la misteriosa psicología dramática de la que sólo el autor tiene el secreto. Pueden encontrarse ciertos rasgos copiados en un verdadero personaje cómico; pero entre esta realidad copiada por un momento y abandonada después, y la invención, o sea la creación que la continúa, que la transporta y que la transfigura, el límite es indeterminable. El vulgo superficial toma al paso un rasgo que conoce, y exclama: "Es el retrato de tal persona". Se coloca, para mayor comodidad, un marbete conocido a un personaje nuevo. Pero, verdaderamente, sólo el autor sabe hasta dónde llega la copia y dónde comienza la invención;

sólo él distingue la línea sinuosa, el ensamble sabio y divinamente llevado a cabo en la espalda de Pélops.

Entre esa familia de ingenios que cuenta, en diversos tiempos y en diversos rangos, a Cervantes, Rabelais, Le Sage, Fielding, Beaumarchais y Walter Scott, Molière es, con Shakespeare, el ejemplo más completo de la facultad dramática y, para hablar propiamente, creadora, que es lo que yo deseo determinar de un modo más exacto. Shakespeare tiene en mayor grado que Molière, los toques patéticos y los resplandores de lo terrible; Macbeth, el rey Lear, Ofelia; pero Molière compensa en cierto modo esta deficiencia, por el número, la perfección y la contextura profunda y continua de sus principales caracteres. Evidentemente, en todos esos grandes hombres y en Molière aún más, el genio dramático no es una extensión, un florecimiento externo de una facultad lírica y personal que, partiendo de sus propios sentimientos interiores, trabajara para transportarlos y hacerlos revivir todo lo posible bajo otras formas, como Byron en sus tragedias, y tampoco es la aplicación pura y sencilla de una facultad de observación crítica y analítica que recalcara cuidadosamente en los personajes de su composición los rasgos esparcidos que hubiera reunido, como Gresset en *El Malvado*. Hay una clase de genios dramáticos verdaderos que tienen algo de lírico en un sentido, o casi de ceguera en su inspiración, un acaloramiento que nace de un vivo sentimiento actual y que ellos comunican directamente a sus personajes. Molière decía del gran Corneille: "Hay un duende que viene de tiempo en tiempo a soplarle excelentes versos y que después le deja, diciendo: *Veamos, cómo va a componérselas cuando se vea solo.* Entonces Corneille no hace nada que valga algo, y el duende se divierte con aquello." ¿No es en este sentido, y no en el que ha supuesto Voltaire, que Richelieu reprochaba a Corneille de no tener el talento continuo? En efecto, Corneille, Crébillon, Schiller, Ducis, y el viejo Marlowe, están sujetos de ese modo a duendes, a emociones directas y súbitas, en sus accesos de vena dramática. No gobiernan su genio según la plenitud y las consecuencias de la libertad humana. Sublimes y soberbios a menudo, obedecen a no sé qué grito del instinto y a un noble calor de la sangre, como los animales generosos, leones o toros; no saben bien lo que hacen. Molière, al igual que Shakespeare, lo sabe. Como su gran antecesor, se introduce, podemos decirlo, en una esfera extendida más libremente, y por eso superior; allí se gobierna por si mismo, dominando su fuego, ardiente a la hora de la creación, pero lúcido en su ardor. Y su lucidez, sin embargo, su frialdad habitual de carácter en el centro de una obra tan cambiante, no aspiraba absolutamente a la imparcialidad calculada y fría, como se ha visto en Goethe, el Talleyrand del arte; esos refinamientos críticos en el seno de la poesía no se habían inventado aún. Molière y Shakespeare son dos hermanos de la raza primitiva, con esta diferencia, según yo me imagino, que en la vida común, Shakespeare, el poeta de las lágrimas y del espanto, desarrollaba espontáneamente una naturaleza más sonriente y más dichosa, y Molière, el cómico regocijado, se inclinaba más a la melancolía y al silencio.

El genio lírico, elegiaco, íntimo, personal –yo querría darle todos los nombres más bien que el de *subjetivo*, que huele demasiado a escuela–; ese genio que es el antagonista nato de lo dramático, se canta, se queja, se narra y se describe sin cesar. Si se aplica al exterior, se siente inclinado a cada paso a mirarse en las cosas, a sentirse en las personas, a intervenir y a substituirse por todas partes disfrazándose apenas. Es lo contrario de la diversidad. Molière, en su epístola a Mignard, habló del dibujo de las fisonomías, y de los rostros:

> *Et c'est là qu'un grand peintre, avec pleine largesse,*
> *D'une f éconde idée étale la richesse,*
> *Faisant briller partout de la diversité*
> *Et ne tombant jamais dans un air ré pété;*
>
> *Mais un peintre commun trouve une peine extrême*
> *A sortir dans ses airs de l'amour de soi-même,*
> *De redites sans nombre il fatigue les yeux,*
> *Et, plein de son image,, il se peint en tous lieux.*

Nuestro poeta, sin saberlo, caracterizaba el genio lírico que, por otra parte, no estaba desarrollado y aislado en su tiempo como después. La Fontaine, que tenía efusiones ingenuas, asociaba a él una notable facultad dramática que supo muy bien poner en juego en sus fábulas. Racine, genio admirablemente dichoso y proporcionado, capaz de todo en una hermosa medida, habría sido maravilloso, cantándose, suspirando y describiéndose, si eso hubiera estado de moda entonces; habría maravillado en el retrato, en el epigrama fino y en la burla, como puede verse por la carta al autor de *Las Imaginarias*. *Los Litigantes* traicionan en él la vocación más opuesta a la de *Esther*. Sin embargo, su principal talento natural estaba, según creo, en el desahogo de la elegía, mas no podemos decirlo de un modo absoluto, tanto así se ha identificado con sus nobles personajes, en la región mixta, ideal y moderadamente dramática, en la que despliega sus alas a maravilla.

Una prueba soberana del genio dramático fuertemente caracterizado es, según mi entender, la fecundidad de producción; es el manejo de todo un mundo que se evoca en derredor de sí mismo y que se puebla sin cesar. He tratado de sostener en otro lugar que todo espíritu sensible, delicado y atento puede hacer consigo mismo, y mediante el recuerdo escogido y reflejo de sus propias situaciones, una buena novela, pero una sola; yo diría lo mismo del drama. Se puede, hasta cierto punto, hacer en la vida una buena comedia, un buen drama; testigos: Gresset y Pirón. En la reincidencia, en la producción fácil e infatigable, se declara el don dramático. Todos los grandes dramaturgos, algunos casi fabulosos en eso, han mostrado esta fertilidad primitiva de genio, una fecundidad digna de los patriarcas. He allí la prueba del don, de lo que no se explica sólo por la observación sagaz, por el talento de pintar: facultad mágica de ciertos hombres que, niños, les hace representar escenas, imitar, reproducir e inventar caracteres aun antes casi de haber observado; que más tarde, cuando el conocimiento del mundo les viene, realizan a su antojo originales en abundancia que reconoceremos por verdaderos y que son inconfundibles con ninguno de los seres ya existentes; el inventor desaparece y se pierde entre esa multitud ruidosa, como un espectador oscuro.

El ingenioso crítico alemán Tieck ha tratado de discernir la persona de Shakespeare en algunos perfiles secundarios de sus dramas, y en los Horacios, los Antonios, amables y felices figuras. Se ha creído ver también la fisonomía benévola de Scott en los Mordaunt Morton, y en otros personajes análogos de sus novelas.[1] No podemos ni siquiera conjeturar esto de Molière.

1. El juicio que sigue, sobre Walter Scott, bien merece copiarse: "Era, en la novela, uno de esos genios que se ha convenido en llamar imparciales y desinteresados, porque saben reflexionar sobre la vida como es ella en sí misma, pintar al hombre en todas las variedades de la pasión o de las circunstancias, y que no mezclan en

La señorita Poisson, mujer del cómico de ese nombre, ha dado de Molière el retrato siguiente,[1] que no desmienten los que ha dejado Mignard, en cuanto a los rasgos físicos, y que satisface el espíritu por la imagen franca que sugiere: "Molière –dijo la citada señorita– no era ni muy grueso ni muy delgado; tenía la estatura más bien grande que

apariencia a sus pinturas y a sus representaciones fieles, nada de su propia impresión ni de su propia personalidad. Esta clase de genios que tienen el don de olvidarse a sí mismos y de transformarse en una infinidad de personajes que hacen vivir, hablar y obrar de mil maneras patéticas o divertidas, son a menudo capaces de pasiones muy ardientes por su propia cuenta, aunque nunca lo expresan directamente. Es difícil de creer, por ejemplo, que Shakespeare y Molière, los dos tipos más altos de esta clase de espíritus, no hayan sentido con una pasión profunda y a veces amarga, las cosas de la vida. No ha sido así por lo que hace a Scott, quien, para ser de la misma familia, no poseía por otra parte ni su vigor de combinación, ni su alcance filosófico, ni su genio de estilo. De un natural benévolo, fácil, agradablemente alegre; de un espíritu ávido de cultura y de conocimientos diversos; acomodado a las costumbres dominantes y a las opiniones acreditadas; de un alma bien templada, según parece; habitualmente dichoso y favorecido por las circunstancias, se desarrolló en una superficie brillante y animada, llegando sin esfuerzo a aquellas creaciones que serán inmortales, y asistiendo, por decirlo así, con complacencia, al mismo tiempo que ellas se le escapaban, y sin grabar ninguna de ellas con ese no sé qué de acre y de íntimo que traiciona siempre los misterios del autor. Si se ha pintado a sí mismo en algún personaje de sus novelas, ha sido en caracteres como el de Morton de *Los Puritanos*, es decir, en un tipo pálido, indeciso, honrado y bueno."

1. *Mercure de France*, mayo de 1740.

pequeña; el porte noble, las formas bien proporcionadas; caminaba gravemente; tenía el aspecto muy serio, la nariz gruesa, la boca grande, los labios gruesos también, el color un poco oscuro, las cejas negras y fuertes, y los diversos movimientos que les daba, hacían su fisonomía extremadamente cómica. Por lo que respecta a su carácter, era suave, complaciente, generoso; gustaba mucho del discurso, y cuando leía sus piezas a los cómicos, les pedía que llevasen a sus chiquillos para sacar conjeturas de sus conocimientos naturales".

Lo que aparece en esas pocas líneas de la belleza masculina del rostro de Molière, me recuerda lo que Tierck dice del rostro *completamente humano* de Shakespeare.

Shakespeare, joven, desconocido aún, esperaba en el cuarto de una posada la llegada de lord Southampton, que iba a ser con el tiempo su protector y su amigo. Escuchaba en silencio al poeta Marlowe, quien se abandonaba a su labia fogosa sin cuidarse del joven desconocido. Cuando llegó a la ciudad lord Southampton, envió a su paje a la posada. "Ved –le dijo–, a la sala, y una vez allí, mirarás atentamente todos los rostros: unos, fíjate bien, hallarás que parecen caras de animales menos nobles, otros, caras de animales más nobles; busca entre todos hasta que encuentres una cara que no se parezca a nada que no sea un rostro humano. Ése será el hombre que busco. Salúdale de mi parte, y tráele contigo." El pajecillo se apresuró a ir, y al entrar en la sala comenzó a examinar todos los rostros; después de un lento examen, encontrando que el rostro del poeta Marlowe era el más hermoso de todos, creyó que ése era el hombre y le llevó consigo.

La fisonomía de Marlowe, en efecto, no dejaba de tener un parecido con la frente de un noble toro, y al paje, como niño que era aún, esto le había impresionado más que nada. Pero lord Southampton le hizo notar inmediatamente su error explicándole que el rostro humano y proporcionado de Shakespeare, aunque impresionaba menos en el primer momento, era, sin embargo, el más hermoso.

Lo que Tieck dijo tan ingeniosamente de los rostros, lo dijo, sobre todo (eso se siente), del interior de los genios.[1]

1. Se puede sacar de esta teoría una conclusión inmediatamente aplicable a un eminente poeta de nuestros días. Los grandes genios dramáticos crean siempre sus personajes con los elementos interiores de que disponen; los crean a su imagen, no pintándose individualmente en ellos, sino pintándolos con la misma naturaleza humana de que están compuestos ellos mismos, salvo las diferencias de proporciones que combinan según quieren. De allí que los grandes genios dramáticos deban unir todos los elementos del alma humana en un *grado altísimo*, pero en las *mismas proporciones* que el común de los hombres, y deban poseer un equilibrio medio entre dosis más fuertes de imaginación, de sensibilidad y de razón. Así, suponed una naturaleza lírica, es decir, algo singular, excepcional, en la cual los elementos del alma humana, fuertemente combinados, no están en las mismas proporciones que el común de los hombres; en la cual, por ejemplo, la imaginación es doble o triple, la razón menor, desigual, la lógi-

Molière no separaba las obras dramáticas de la representación que de ellas se hacía, y no era menos director y actor excelente que poeta admirable. Amaba, ya lo hemos dicho, el teatro, las tablas y el público; se preocupaba por sus prerrogativas de director; se dirigía al público en ciertos casos solemnes; e intervenía cuando el auditorio se tomaba tempestuoso. Se cuenta que un día calmó con sus discursos a los señores mosqueteros, furiosos de que se les hubieran suprimido sus entradas. Como actor, sus contemporáneos están de acuerdo en reconocerle una gran perfección adquirida a fuerza de estudio y de voluntad.

ca obstinada y sutil, la sensibilidad violenta, y no produciéndose nunca sino en el testamento heroico de pasión que no llena suavemente los intervalos. Que una de estas naturalezas del poeta lírico pretenda crear personajes vivos, un mundo de ambiciones, amantes, padres, etc., y le acontecerá que, no teniendo en sí la medida justa, la media en cierto modo, del alma humana, el poeta se equivocará sobre todas las proporciones de los caracteres, y no atinará a presentarlos en una relación natural, de terror y de piedad, con las impresiones todas. Eso es lo que ha acontecido a nuestro célebre contemporáneo en sus dramas. La base humana sobre la cual las pasiones de sus personajes se realzan y se ponen en juego, no parece ser la misma entre el poeta y los espectadores. Mientras se mantiene en el género lírico, muy al contrario, y mientras no habla sino en su nombre, esas fuertes singularidades pueden sólo ser rasgos de carácter que se admiten y que hasta se admiran. Se trata, en lo que precede, de los dramas de Víctor Hugo, de los cuales, un día después de darse *Los Burgraves*, alguien decía: "Son títeres de la isla de los Cíclopes."

"La naturaleza –dijo también la señorita Poisson– le había rehusado esos dones exteriores tan necesarios para el teatro, sobre todo en los papeles trágicos. Una voz sorda, de inflexiones duras, y una ligereza de palabras que precipitaba demasiado su declamación, le colocaban en un nivel muy inferior al de los actores del hotel de Borgoña. Él mismo se hizo justicia y se encerró en un género en que sus defectos eran más soportables. Aun allí tuvo dificultades para lograr el éxito, y no se corrigió de ese defecto, tan contrario a la buena articulación, sino por esfuerzos continuos que le causaron un hipo que conservó hasta su muerte y del cual sabía sacar partido en ciertos momentos. Para variar sus inflexiones puso primeramente en uso ciertos tonos inusitados que le obligaron en los primeros tiempos a que se le acusase de afectación, pero a los cuales se acostumbró el público. No solamente agradaba en los papeles de Mascarilla, Sganarelle, Hali...; se excedía aún en los papeles de altura cómica, tales como Amolfo, Orgón y Arpagón. Entonces por la variedad de sus sentimientos, por la inteligencia de las expresiones y por todas las finezas del arte, seducía a los espectadores a tal punto, que no distinguían el personaje representado del cómico que lo representaba. También se encargaba siempre de los papeles más largos y más difíciles."

Todos los contemporáneos, De Visé, Segrais..., están unánimes sobre el éxito prodigioso que obtenía Molière cuando consentía en deponer la corona trágica de laurel por la que él tenía una debilidad.[1] En lo que se llama los papeles *de capa* que él representaba, solamente Grandmesnil ha podido igualarle después. Pero en lo trágico también, su dirección, ya que no la ejecución, fue siempre perfecta. La lucha que sostenía con el hotel de Borgoña, y que *La Improvisación de Versalles* atestigua con un detalle picante, no es otra que la de la recitación natural contra el énfasis declamatorio, de la naturaleza contra la escuela. Mascarilla, en *Las Preciosas*, se burla de los cómicos ignorantes que recitan como se habla. Molière y su compañía eran de éstos. Se creería escuchar, en *La Improvisación*, los consejos de nuestro Taima sobre *Nicomedes*. También como Talma, Molière era grande y suntuoso en su manera de vivir con las treinta mil libras de renta que poseía y que gastaba ampliamente en liberalidades, en recepciones y en beneficencia. Su vida íntima no se limitaba a la buena Laforest,

1. En el tomo primero de *Los Hombres Ilustres* de Perrault, el artículo titulado Molière, termina por este elogio: "Ha reunido en sí todos los talentos que son necesarios a un cómico. Ha sido un actor tan bueno para lo cómico, aunque sólo sea mediocre para lo serio, que no ha podido ser imitado sino muy imperfectamente por los que han representado sus papeles después de su muerte. Entendió también de un modo admirable, el asunto del vestuario en el actor, y le dio su verdadero carácter; tuvo igualmente el don de distribuir tan bien los personajes entre los actores, y les instruyó siempre de un modo tal, que parecían menos actores de comedia, que las verdaderas personas que representaban."

confidente célebre de sus versos, y las gentes de calidad a quienes pagaba muy gustoso sus regalos, no encontraban absolutamente en su casa al matrimonio burgués, a lo Corneille. En los últimos años de su vida habitaba una casa de la calle Richelieu, frente a la calle Traversiére, hoy el número 34 más o menos.

Molière, de cuarenta años, en la cúspide de su arte y, según parece, de su gloria; querido por el rey, protegido y buscado por los más altos, y llamado frecuentemente por el señor Príncipe; yendo a la casa de La Rochefoucauld a leer *Las Mujeres sabias*, y a casa del viejo cardenal de Retz a leer *El Gentilhombre burgués*, Molière, independientemente de sus desacuerdos domésticos, ¿se sentía, no diré contento de la vida, sino satisfecho de su posición en el mundo? Se puede afirmar que no. Extinguid, atenuad, disfrazad el hecho con todas las reservas imaginables. A pesar del resplandor del talento y del favor, había en la condición de Molière algo que le hacía sufrir. Se apenaba de que le faltase a veces una cierta consideración seria y elevada. El cómico en él, y esto le molestaba en ocasiones, dañaba al poeta. Todos reían de sus piezas, pero no todos le estimaban suficientemente. Muchas gentes le tomaban sólo, él lo sentía muy bien, como un asunto de diversión: *Molière avec Tartufe y doit jouer son rôle.*

Se le hacía venir para alegrar al *buen viejo Cardenal*, para animarle un poco; madame de Sévigné habla de ello en ese tono. Chapelle le llamaba *grande hombre*; pero sus amigos de valer, y Boileau el primero, lamentaba en él la mezcla del bufón. Se ve, después de su muerte, que De Visé, en una carta a Grimarest niega el señor a Molière; y al pasar el entierro, una mujer del pueblo a quien se preguntó quién era ese muerto que enterraban, dijo: "¡Ah! Es *ese* Molière". Otra mujer que estaba en su ventana y que oyó esas palabras exclamó: "¡Cómo, desdichada! ¡Muy señor que es él para ti!"

Molière, observador clarividente e inexorable como era, no debió de perder ninguna de las mil mezquinas circunstancias que devoraba con desprecio. Ciertos honores hasta le compensaban de un modo mediocre, y a veces le lisonjeaban muy amargamente, según; creó, como por ejemplo, el honor de hacer, en calidad de criado, la cama de Luis XIV. Y hasta cuando Luis XIV, para cerrar la boca a las calumnias, fue padrino, con la duquesa de Orleans, del primer hijo de Molière, cubriendo así el matrimonio del comediante con su manto flordelisado; y cuando, en otra circunstancia, le hizo sentarse a su mesa y dijo bien alto, al servirle un alón: "Heme aquí ocupado en hacer comer a Molière, a quien mis oficiales no juzgan amigo digno de ellos", el orgulloso ofendido, ¿se sentía y quedaba compensado de la injuria con la reparación?

Vauvenargues, en su diálogo de Molière y de un joven, ha hecho que el poeta-comediante exprese, de una manera conmovedora y grave, ese sentimiento de su posición incompleta. La idea de este diálogo le vino de una conversación real referida por Grimarest, en la que el poeta disuade a un joven que le iba a consultar sobre su vocación para el teatro.

Diez meses antes de su muerte, Molière, por la mediación de amigos comunes, se había reconciliado con su mujer a quien amaba todavía. Aún tuvo un hijo, que no vivió. El cambio de régimen causado por su nueva vida conyugal, acrecentó su irritación de pecho. Dos meses antes de su muerte recibió la visita de Boileau, de la cual hemos hecho mención. El día de la cuarta representación de *El Enfermo imaginario*, Molière se sintió más mal que de costumbre; pero dejo que hable Grimarest, quien debió de tener por Barón, los detalles de la escena, y cuya ingenuidad completa me parece preferible en este punto, a la corrección más concisa de quienes la han reproducido. Ese día, pues, "Molière, encontrándose mucho más atormentado que de ordinario, por su fluxión, hizo llamar a su mujer, a la que dijo en presencia de Barón: "Mientras que mi vida estuvo mezclada igualmente de dolor y de placer, me creí dichoso; pero hoy que estoy oprimido por las penas, sin poder contar con un solo momento de satisfacción y de dulzura, veo bien que es preciso terminar ya la partida; no puedo ya sostenerme contra los dolores y los disgustos, que no me dan un instante de descanso. Pero –añadió, reflexionando– ¡que sufra el hombre y no que muera! Sin embargo, siento bien que estoy acabando". La señora Molière y Barón quedaron sumamente conmovidos del discurso de Molière, que no esperaban por más enfermo que le viesen. Le suplicaron, con las lágrimas en los ojos, que no representase ese día y que tomase algún reposo para reponerse. "¿Qué queréis que haga? - dijo -. Hay cincuenta pobres obreros que sólo tienen su jornal para vivir. ¿Qué harían si yo no representase? Me reprocharía por haber visto con negligencia que dejasen de tener su pan, aunque fuese un solo día, pudiendo muy bien evitarlo." Pero envió a buscar a los cómicos, a quienes dijo que, por sentirse más mal que de costumbre, no representaría ese día, si no estaban listos a las cuatro en punto para empezar la comedia. "Sin esto - añadió-, yo no puedo asistir y vosotros podríais devolver el dinero. Los cómicos tuvieron listo el alumbrado y levantado el telón a las cuatro exactamente. Molière representó con mucha dificultad y la mitad de los espectadores advirtió que al pronunciar *Juro*, en la ceremonia de *El Enfermo imaginario*, le acometió una convulsión. Habiendo notado él mismo que se habían hecho cargo de aquello, hizo un esfuerzo y ocultó con una risa forzada lo que acababa de acontecerle.

Cuando la pieza concluyó, tomó su bata y se fue al palco de Barón para preguntarle su parecer sobre la representación. Barón le respondió que sus obras tenían siempre un éxito feliz, y que cuanto más se representaban, más gustaban. "Pero - añadió - me pareció que no os encontrabais muy bien hace un momento." - "Es cierto- le respondió Molière-. Tengo un frío que me mata."

Barón, después de haberle tocado las manos, que encontró heladas, se las introdujo en su manguito para calentárselas; después envió a buscar a los portadores de su propia silla de manos para que le llevaran, quisiera o no, a su casa, y Molière no se movió de la silla, temeroso de que le acometiera un síncope yendo del Palacio Real a la calle Richelieu, que era donde vivía. Pero, finalmente, le convencieron de marchar.

Cuando estuvo en su cuarto, Barón quiso hacerle tomar un poco de caldo del que la Molière siempre guardaba en abundancia para ella, porque nadie podía tener de sí mismo más cuidado que ella.

- ¡Oh, no! - dijo Molière -. El caldo de mi mujer es una verdadera agua fuerte para mí. Mejor dadme un poco de queso parmesano.

Laforest se lo llevó, y él tomó algo con un poco de pan; después quiso que lo llevaran al lecho. Un momento más tarde mandó pedir a su mujer un cojín lleno de cierta droga que ella le había prometido para poder conciliar el sueño.

- Todo lo que no entra en el cuerpo - dijo él -, lo acepto de buena gana; pero los remedios que hay que ingerir, me dan miedo; no se necesita nada para hacerme perder lo poco que me queda de vida.

Un instante después le cogió una tos extremadamente fuerte, y después de haber arrojado un esputo pidió la luz.

- He aquí - dijo - el signo del cambio.

Barón, que había visto la sangre que acababa de arrojar, lanzó una exclamación de espanto.

- No os asustéis - le dijo Molière -; en otras ocasiones me habéis ya visto arrojar mucha más. Sin embargo - añadió, decid a mi mujer que suba.

Molière permaneció sostenido por dos hermanas religiosas, que eran de las que venían ordinariamente a París para hacer algunas colectas durante la Cuaresma, y a las que Molière había dado hospitalidad. Ellas le atendieron en ese último momento de su vida y le dieron todos los auxilios edificantes que se podía esperar de su caridad, y él les mostró los sentimientos de un buen cristiano y toda la resignación que debía a la voluntad del Señor. Y, finalmente, rindió el alma en los brazos de esas dos buenas hermanas. La sangre, que le salía de la boca, le ahogó. Así, cuando su mujer y Barón subieron, le encontraron muerto."

Esto fue el viernes 17 de febrero de 1673, a las diez de la noche, una hora a lo más después de haber abandonado el teatro. Molière dio el último suspiro a la edad de cincuenta y un años, un mes y dos días.

El cura de San Eustaquio, su parroquia, le rehusó la sepultura eclesiástica, por no haber estado reconciliado con la Iglesia. La viuda de Molière dirigió, el 20 de febrero, una petición al arzobispo de París, monseñor Harlay de Champvalon. Acompañada del cura de Auteuil, corrió a Versalles a arrojarse a los pies del rey. Por su parte, el buen cura aprovechó la ocasión para justificarse él mismo de una sospecha de jansenismo. El Rey le hizo callar. Y luego, todo hay que decirlo, Molière estaba muerto y ya no podía en lo de adelante divertir a Luis XIV. El egoísmo inmenso del monarca, ese egoísmo odioso e incurable, que nos ha sido mostrado al desnudo por Saint Simon, volvía a conquistarle. Luis XIV despidió bruscamente al cura y a la viuda, y al mismo tiempo escribió al arzobispo que arreglase las cosas de un modo conciliatorio. Fue decidido que se concedería una poca de tierra a los restos del poeta, pero que el cadáver sería llevado directamente al camposanto y sin pasar, dicho está, por la iglesia. El 21 de febrero, por la noche, el cuerpo, acompañado por dos eclesiásticos, fue transportado al cementerio de San José, en la calle de Montmartre. Doscientas personas, por lo menos, iban detrás, llevando en la mano una vela. No se cantó sin embargo, ningún responso. En el mismo día de las exequias, la multitud - siempre fanática- se reunió alrededor de la casa mortuoria con apariencias hostiles, pero no fue difícil dispersarla, arrojándole dinero. Fue cosa más ardua el disgregarla cuando el entierro de Luis XIV.

Una vez muerto, en todas partes se apreció a Molière. Son conocidos los magníficos versos de Boileau, en los que se elevó hasta la más alta y sentida elocuencia,[1] y en los que tuvo el acento de Bossuet, precisamente en una muerte para la que Bossuet tuvo la violencia de un Le Tellier.

La reputación de Molière brilló desde entonces creciente. El siglo XVIII no ha hecho más que confirmarla, proclamándola con una especie de orgullo filosófico. Sólo se escucharon en contrario las reclamaciones morales de Juan Jacobo y algunas reservas del buen Tomás, el amigo de madame Necker, en favor de las mujeres sabias. Ginguené ha publicado un folleto para mostrar a Rabelais como precursor e instrumento de la Revolución francesa; era inútil probar eso a Molière. Todos los prejuicios y todos los abusos flagrantes habían pasado evidentemente por sus manos y como instrumento de circunstancia, Beaumarchais mismo no estaba más presente que él. *El Tartufo,* en vísperas del 89, hablaba tan claramente como *El Fígaro.* Después del 94, y hasta 1800 y aun más tarde, hubo un momento incomparable de triunfo para Molière, por los transportes de un público atraído a la escena cómica, por el espíritu filosófico reinante entonces, que se sentía completamente

---

1. *Antes que una poca de tierra....* escribe en la *Epístola a Racine.* Haré notar que, a pesar de la vieja enemistad de Moliere y de Racine, debido al ejemplo resplandeciente de Molière, Boileau pensó en consolar al autor de *Fedra* por las críticas injustas que sufría. No entró en el pensamiento de Boileau que el elogio de Molière pudiese desagradar a Racine y es que había equidad y decoro hasta en las rencillas de los grandes hombres de aquel tiempo.

satisfecho, por el conjunto y la perfección de los comediantes franceses encargados de los papeles graciosos, y por la
excelencia de Grandmesnil en particular.[1]

Terminada la Revolución, Napoleón, que estaba restau-
rando una multitud de vejeces sociales que en otro tiempo
había atacado Molière, le rindió un singular y tácito home-
naje. Al restablecer a los príncipes, duques, condes y baro-
nes, desesperó a los marqueses, y su voluntad imperial se
detuvo ante Mascarilla. Nuestro siglo joven, al recibir esta
gloria de la que no ha dudado ni un momento, se ha servi-
do de ella sobre todo, durante algún tiempo, como de un
auxiliar, como de una arma de defensa o demolición. Pero
bien pronto, abarcándola de un modo más equitativo, y
comparándola, según la filosofía y el arte, con otras muy
renombradas de las naciones vecinas, la ha comprendido
mejor aún y la ha respetado. Agrandada sin cesar por la
suerte, la reputación de Molière (¡privilegio maravilloso!),
ha llegado a igualarse con las verdaderas, y no ha podido
ser sobrepujada.

1. Esto tuvo lugar después de la reunión del teatro del Odeón con el
del Palacio Peal o *de la República*, pues las opiniones políticas
habían separado también la *Comedia* en dos campos. Unidos nue-
vamente por una reconciliación, la *Comedia Francesa* presentó
entonces las comedias de Molière, interpretadas por Grandmesnil,
Molé, Fleury, Dazincourt, Dugazon, señoritas Contât, Devienne y
Mars; el viejo Préville reapareció hasta dos o tres veces en *El
Enfermo imaginario*.

El genio de Molière es desde ese momento uno de los adornos y de los títulos del genio mismo de la humanidad. La Rochefoucauld, en su estilo ingenioso, dijo que la ausencia apaga las pasiones pequeñas y aumenta las grandes, lo mismo que un viento violento apaga las velas y da pábulo a los incendios; puede decirse otro tanto de la ausencia, del alejamiento, y de la violencia de los siglos, con relación a las glorias. Las mediocres desaparecen y las grandes se perfeccionan y crecen. Pero entre esas grandes glorias que duran y sobreviven, hay muchas que no se mantienen sino de lejos, por decirlo así, y cuyo nombre persiste mejor que las mismas obras en la memoria de los hombres. Molière es de ese pequeño número siempre presente, en cuyo provecho se hacen y se harán todas las conquistas posibles de la civilización presente.

Mientras más se extiende este mar de olvido del pasado, y arrastra más escombros, más sostiene también a esos mortales afortunados y los levanta; una corriente eterna los trae siempre a la ribera de las generaciones que comienzan.

Las reputaciones, los genios futuros, los libros, pueden multiplicarse; las civilizaciones pueden transformarse en el porvenir, siempre que se continúen; hay cinco o seis grandes obras que han entrado en el pensamiento humano. Cada nuevo hombre que sabe leer, es un lector más para Molière.

Enero de 1835

Boccaccio:
Dante Alighieri

Charles Baudelaire:
Edgar Allan Poe

Émile Zola:
Victor Hugo

Max Scheler:
El héroe y el genio: modelos y valores

Emilia Pardo Bazán:
Balzac, la comedia humana

André Gide:
Oscar Wilde: in memoriam

José Ingenieros:
El hombre mediocre

William Blake:
El libro de Urizen

Ramón Gómez de la Serna:
Charles Baudelaire, el desgarrado

Jules Verne:
Edgar Allan Poe y sus obras

Madame de Staël:
Viaje a Rusia

Rainer Maria Rilke:
Auguste Rodin: cartas al maestro

Charles Augustin Sainte-Beuve:
Madame de Staël